Jean Egen
Der Hans im Florival

Jean Egen

Der Hans im Florival

Es war einmal im Elsass ...

Aus dem Französischen von
Jochen Glatt

MORSTADT

Bibliografische Information der Deutschen Nationalbibliothek
Die Deutsche Nationalbibliothek verzeichnet diese Publikation in der
Deutschen Nationalbibliografie; detaillierte bibliografische Daten sind im
Internet über http://dnb.dnb.de abrufbar.

Verlagsprogramm und weitere Informationen unter
www.morstadt-verlag.de

Die französische Originalausgabe „Le Hans du Florival – une enfance
alsacienne" erschien erstmals 1984 bei A.C.E. Editeur, Paris.

Die aktuelle französische Ausgabe erscheint seit 1999 unter dem Titel
„Une enfance alsacienne" bei Les Éditions Bartillat, Paris.

© 2019 Morstadt Verlag Kehl am Rhein
1. Auflage September 2019
Layout und Umschlaggestaltung: Morstadt Verlag
Übersetzung: Jochen Glatt
Titelfoto: Jean Egen als etwa Zehnjähriger vor dem Lebensmittel- und
Kurzwarengeschäft von A. Ligier in Audincourt.
ISBN 978-3-88571-392-0

Inhalt

Für Pierre Jodry,
meinen Lehrer in Audincourt

*Wo befindet sich der Mittelpunkt der Welt? Die Meinungen gehen da aus-
einander. Für die Christen liegt er in Rom, für die Juden in Jerusalem, für
die Flussaale in der Sargassosee und für die Pariser Intellektuellen im Café
Deux-Magots. Was mich betrifft, so liegt er im Gebweiler Tal im Elsass, wo
ich vor nunmehr fast sechs Dutzend Jahren an einem Tag, an dem die Sonne
im Zeichen des Löwen stand, gelandet bin. Mein Vater behauptete immer,
dass jedes Mal, wenn sich Gott Vater über die Erde beugt, um seine Schöpfung zu betrachten, er nicht auf die Niagarafälle, sondern auf mein kleines
und bescheidenes Tal blicke. Alsbald rufe er nach seinen Engeln, kommt her,
ihr Kleinen, kommt und schaut, wie schön es ist, und die Engel eilen aus
allen Winkeln und Ecken des Himmels herbei, und ihre Millionen von
Äuglein glänzen wie Türkise, und deshalb sei das Firmament so blau ...
Das soll nun aber nicht bedeuten, dass ich meine Kindheit unter lauter
Seraphinen verlebt hätte. Als Spielkameraden hatte ich kleine Dämonen und
Teufelinnen, als Lehrmeister ein paar fröhliche Onkelchen und als Beschüt-
zerin eine Gugelhupf-Oma. Ganz zu schweigen von einem befreundeten
Pferd, mehreren Hundekumpanen und anderen Lebewesen, die nur auf den
Leser warten, um zu neuem Leben zu erwachen.*

Jean Egen

1. Erinnerungsrausch – Wasserfall gelöst – Das Weibervolk – Herrgottskinder – Ein komischer Kauz

Erinnerungen, die sind ein bisschen so wie die Rinder, die man in einem Western bei Anbruch der Dunkelheit, wenn die Lagerfeuer angezündet werden, sehen kann. Friedlich sind sie am Weiden, am Wiederkäuen und am Träumen, und ihr melancholisches Muhen begleitet die Gitarren der Cowboys. Und doch genügt es, dass ein Verrückter einen Schuss abfeuert oder einem von ihnen einen etwas zu lauten Klaps verpasst, und schon bricht Panik aus, das Überschäumen eines Ozeans aus wildgewordenem Fleisch. Ja, so sind sie ein bisschen, die Erinnerungen. Kaum weckt man eine von ihnen auf, schon setzt sich die gesamte Herde in Bewegung. Da kann man laufen, wie man will, um sie wieder ordentlich auf- und in einem Schmöker abzustellen. Man muss sie nehmen, wie sie kommen, sie vorsichtig mit dem Lasso des Gedächtnisses einfangen, eine nach der anderen. Seht her, hier habe ich gerade eine: Ich muss wohl um die vier Jahre alt sein, das hat man mir zumindest so gesagt und das gebe ich den Leuten, die mich nach meinem Alter fragen, zur Antwort. Ich weiß auch, dass ich zehn Finger habe, und wenn ich nur auf acht oder neun komme, so habe ich mich beim Zählen vertan. Auch Namen habe ich mehrere. Papa ruft mich Jean, meine kleinen Freunde nennen mich Schangi; das ist eine der Verkleinerungsformen von Jean im südelsässischen Dialekt, aber ein rauer Diminutiv, der den Männern vorbehalten ist. Es gibt da aber auch einen anderen, der zart und klangvoll ist und Schangele lautet. Es ist der, dessen sich meine Mutter, meine Großmutter und die mir wohlgesonnenen kleinen Mädchen bedienen. Und bei diesem wollen wir auch bleiben.

Also, in jenem Winter 1924/25 ist der Schangele zwischen vier und fünf Jahren alt, und in der *École maternelle* peinigt ihn gerade ein pressantes Bedürfnis. Er meldet sich für das kleine Geschäft, die Kindergärtnerin erlaubt ihm hinauszugehen, er rennt zur Steinmauer, knöpft seinen Hosenladen auf, wühlt in seiner Hose herum, aber es herrscht eine Saukälte, es ist nicht gerade ein Wetter, bei dem man Zipfelchen herausholt; um das seine zu schützen, hat man diesem unter mehreren Kleiderschichten Unterschlupf gewährt. Da er merkt, wie sich seine Blase immer mehr ausdehnt, bekommt er es mit der Angst zu tun und ruft nach Hilfe: *„Mamsell, Mamsell!"* Die Erzieherin hört den Hilferuf. Sogleich eilt sie herbei, erkundigt sich, was denn passiert sei. „*Mamsell*", sagt der verzweifelte Knirps, „*ich fend mi Spatzele nemm!*"

Mademoiselle Hossenlopp zieht die Augenbrauen hoch, sie wittert eine Falle, ein Spätzchen verliert man nicht einfach so. Im Kindergarten hat sich der Schangele einen soliden Ruf als Scherzbold erworben, sein Kopf ist voller hinterhältiger Ideen, und es ist nicht auszuschließen, dass er einen Vorwand erfindet, um seine Mamsell an seinen kleinen Spatz zu locken, obwohl doch sein Gesichtsausdruck keinerlei List verrät, nur eine immense Unruhe steht darin zu lesen, man braucht bloß den kleinen Knirps von einem Bein aufs andere tanzen zu sehen, um zu erkennen, in welcher Notlage er sich befindet. Also greift die Kindergärtnerin ein. Sie lässt ihm die Velourshose hinunter und findet dort eine Wollhose, sie schlägt die Wollhose nach unten und entdeckt eine Flanellbinde, sie stürzt sich auf die Flanellbinde und stößt auf Baumwollunterhosen, sie krempelt die Baumwollunterhosen hinunter und legt endlich zwei kleine Bäckchen frei, die so rosig und rund sind wie die der Engelchen, von welchen die Jungfrau Maria und das Jesuskind auf den Kirchenbildern umgeben sind. Und was das kleine Spätzchen betrifft, so wird dessen Wiedererscheinen von dem seiner Hosen Entledigten mit einem Freudenschrei begrüßt: „Da ist es", ruft er, „ich hab es an den Ohren erwischt!" Jetzt muss er sein Lanzettchen nur noch in den azurblauen Himmel richten, um einen Strahl zustande zu bringen, dessen Farbe die Pracht eines Goldregens und dessen Flugbahn die Weite eines Regenbogens hat.

Er strahlt übers ganze Gesicht. Dieses Spritzen findet er schön und auch sehr angenehm, er hat eine Epikureerseele und weiß schon, dass eine reichliche Blasenentleerung zu einem glücklichen Leben gehört und dass das Vergnügen des Trinkens das bescheidene und wertvolle Vergnügen des Ausscheidens unmittelbar nach sich zieht ... Doch die Kälte ist nach wie vor da, und sogleich, nachdem der leuchtende Strahl versunken ist, beeilt sich die Mamsell, den kleinen Spritzer und sein Zipfelchen wieder in deren Polsterung einzupacken, wobei sie ihre Bewunderung über diese vierfache Schutzhülle nicht zurückhält. So will sie auch wissen, wer ihn denn derart wappnet. „*Es sen d'Wiwer!*", gibt der Knirps zur Antwort.

Wenn auch das Ausrufungszeichen hierbei für einen leicht herablassenden Gesichtsausdruck steht, so ist der Schangele doch keineswegs ein Sexist, wie man damals noch nicht sagt. Das Verhalten seines Vaters, seiner Onkel und anderer männlicher Elsässer hat ihm jedoch eine gewisse Vorstellung vom *Wiwervolk* vermittelt. Mit diesem Ausdruck wird im Elsass die Sippschaft der Frauen bezeichnet. Von einigen wenigen Ausnahmen, wie beispielsweise der alten Elise, die einen schlechten Charakter und Stacheln am Kinn hat, einmal abgesehen, handelt es sich dabei um liebreizende Geschöpfe, die Gott den Männern zum Vergnügen und zur Hilfe in die Welt gesetzt hat und, im vorliegenden Falle, um den Schangele zu füttern, anzuziehen, zu pflegen, zu liebkosen und zu unterhalten, ihn von Kopf bis Fuß zu waschen und dabei seinem Hinterteil und seinem Spätzchen besondere Aufmerksamkeit zuteil werden zu lassen.

Seine treueste Dienerin ist natürlich seine Mutter, aber sie ist auch seine Königin, und der Kleine vergeht vor Glückseligkeit und Dankbarkeit, wenn er von ihr verhätschelt wird. Leider ist sie von zarter Gesundheit, was sie oftmals zwingt, ihr Kind tüchtigeren Händen anzuvertrauen, wodurch der Schangele über eine ganze Heerschar an Ersatzmüttern verfügt, deren Gutherzigkeit er nach Kräften ausnutzt. Über alledem thront seine Großmutter, die verwitwete Madame Edouard Herrgott, Inhaberin des „Café-Restaurant du Centre" zu Lautenbach im Oberelsass.

Ich hätte durchaus nichts dagegen gehabt, als Kronprinz, Milliardärssohn oder Spross eines Mitglieds der *Académie française* geboren zu sein. Doch selbst eine noch so illustre Herkunft hätte mich nicht mit mehr Stolz erfüllt als meine gastronomische Abstammung. Das Gasthaus meiner Ahnin war ein gesegneter Ort. Es gab dort alles, was Leib und Seele brauchen: zu trinken, zu essen, Tische für die Ellbogen, Bänke für den Hintern und Freunde für die Unterhaltung. Bevor ich Sie aber durch das Haus führe, muss ich noch erzählen, wie der Schangele dort hineingeraten ist.

Mein Großvater Herrgott ist den Ewigkeitsperspektiven zum Trotz, die ihm sein Nachname eigentlich hätte eröffnen sollen, am 4. Dezember 1914, dem Barbaratag also, verstorben. Von den zwölf kleinen Herrgöttern, die er meiner Großmutter gemacht hatte, waren vier ebenfalls schon tot, fünf waren verheiratet und drei waren an Bord des väterlichen Schiffes verblieben: Nicolas und Edouard auf der Brücke, will sagen im Gastraum, und Babette im Küchenbereich.

Nicolas, dessen Oberschenkelknochen eine Granate in Streifen gerissen hatte, war aus dem Krieg auf schwachen Füßen heimgekehrt und mit einem Körper, der mit Splittern gespickt war, von denen mehrere auch den hartnäckigsten Versuchen, sie herauszuziehen, widerstanden hatten. Da die Qualen des Fleisches auch sein Gemüt beeinträchtigten, bekämpfte er seine Schwermut mit Riesling, dessen euphorisierende Wirkung bei den Unglücklichen wohlbekannt ist. An einem Junisonntag des Jahres 1919, dem Fronleichnamsfest (das im Elsass Herrgottstag heißt), wurde das Dorf von der Last der vielen Blumen und Banner schier erdrückt, als eine Erscheinung, die noch farbenfroher als alles andere war, das Wirtshaus betrat. Nicolas, dessen Blick vom Weißwein merklich verschleiert war, hielt sie für einen exotischen Papagei, was nicht weiter verwunderlich war, da dieses Wesen auch sprechen konnte. Er beglückwünschte es zu seinem wunderlichen Gefieder und wollte wissen, ob es nicht zur Familie der Kakadus gehöre. Ohne sich aus der Ruhe bringen zu lassen, gab das Wesen zur Antwort, dass es zum Zuavenkorps gehöre und just aus der indochinesischen Provinz Tonkin zurückgekehrt sei. Sogleich rief Nicolas nach seiner Schwester, um auch sie die Erscheinung bestaunen zu lassen.

Die Schöne kam aus der Küche, ließ ihre Augen über die merkwürdige Erscheinung wandern, prustete beim Anblick der *Chéchia*, dieser eigenartigen roten Kopfbedeckung, los, versuchte sich ihr Glucksen zu verbeißen, brach aber in umso schallenderes Gelächter aus, als sie die bauschige Hose sah. Der gedemütigte Gast konnte die Stirn runzeln und die wilden Augen rollen wie er wollte, die junge Frau hatte alle erdenkliche Mühe, ihre Heiterkeit im Zaum zu halten. So kam es, dass der Zuave von Amors Pfeil getroffen wurde und Babette und er, Joseph mit Namen, meine Eltern werden konnten.

Im Augenblick halte ich mich aber noch im Nichts auf, und es sieht nicht danach aus, als könne ich es bald verlassen, denn Babette hält meinen zukünftigen Vater für einen Hanswurst, und Joseph ist am Verzweifeln. Gott sei Dank hat er auf die anderen Gäste nicht die gleiche Wirkung. Denn eines steht fest, die Annektierung Elsass-Lothringens und der Krieg haben die deutsche Uniform, deren Feldgrau an die Asche der Niederlage erinnert, beträchtlich in Verruf gebracht, während die Kleidung des Zuaven, so verwunderlich sie auch sein mag, die flammenden Farben des Sieges darbietet.

Aber das Ansehen meines zukünftigen Vaters kommt woanders her. Der ihn begleitende Zivilist – er heißt Emile Risser und wohnt im Nachbardorf – stellt ihn den Zechern vor: Es ist Joseph, sein Schwager, er kommt vom

Ende der Welt, hat die Meere durchpflügt, seine *Chéchia* hat den Stürmen die Stirn geboten, seine Pumphose dem Dschungel getrotzt, sein Schnauzbart hat die bezauberndsten Vietnamesinnen erobert, und als verdienter Jäger hat er Tiger und Elefanten erlegt. Ein neugieriger oder vielleicht auch skeptischer Zuhörer wollte wissen, ob er seine Opfer für gewöhnlich auf dem Rücken zurücktrug oder ob er etwa Elefanten und Tiger bunt durcheinander in seine Jagdtasche zu stopfen pflegte ...

Emile ließ sich jedoch nicht aus der Fassung bringen, er bat den Tonkinesen, doch selbst von seinen Abenteuern zu erzählen, was jener so talentiert, bescheiden und glaubhaft tat, dass die Gäste, die an seinen Lippen hingen, darüber mal das Trinken vergaßen, mal ihre Krüge mit einem Zug leerten. Babette hinter dem Tresen war keineswegs unaufmerksam, und meine Chancen, im ersten Viertel des zwanzigsten Jahrhunderts auf die Welt zu kommen, stiegen von Minute zu Minute ... Nun ist es an der Zeit, den Weg nachzuzeichnen, der Joseph an jenem Fronleichnamstag ins Herrgott'sche Restaurant geführt hat, damit Sie meinen Erzeuger besser kennenlernen.

2. Das unauffindbare Paradies – Ein aufsässiger Abiturient – Soldat wider Willen – Krieg fern der Front – Ein glänzender Direktor – Visum für unseren Planeten

Papa ist 1884 in Gebweiler geboren, als Kind eines bei Gravelotte verwundeten Vaters und einer Tag und Nacht hustenden Mutter. Einer Mutter, zu deren Kammer er keinen Zutritt hatte und die ihn nur mit Blicken liebkoste, wenn er sie morgens begrüßte, indem er sein kleines Gesicht durch den Türspalt steckte. Er war neun Jahre alt, als sie für immer zu husten aufhörte. Wenn sie ihr Grab mit Blumen schmückten, erklärte ihm sein Vater, dass nur der Körper unter der Erde sei und dass die Seele im Himmel weile. Was eine Seele war, konnte er sich nur schlecht vorstellen, doch er suchte den blauen Himmel mit seinen Augen ab, in der vagen Hoffnung, dass dieser sich auftue und dass seine Mutter erscheine.

Das war im annektierten Elsass. Joseph ging zur deutschen Schule und bekam die Ohren und die Haare an der Schläfe von einem preußischen Schulmeister langgezogen. Von einem Schulmeister, der ihm die Überlegenheit des Deutschen Reiches beibrachte, während ihn sein Papa im Kult des französischen Vaterlandes erzog. In der Überzeugung, das Paradies liege jenseits der Vogesen, wünschte er sich nichts sehnlicher, als nach Frankreich zu gelangen. Entsprechend überschwänglich war seine Freude, als ihn sein Vater im selben Jahr in ein Gymnasium nach Reims schickte. Seine Enttäuschung war umso größer, als er begriff, dass sich das Paradies zwar tatsächlich jenseits der Vogesen befand, aber auf der Seite, die er gerade verlassen hatte, auf der elsässischen Seite nämlich.

Er lernte die Trostlosigkeit der Klassenzimmer kennen, den Spott seiner Mitschüler, wenn er mit elsässischem Einschlag auf Französisch beteuerte, kein Spion von „Pissmarck" zu sein, und auch die Einsamkeit des großen Schlafsaales, wo der kleine Elsässer leise in sein Kopfkissen weinte und seine Mutter anflehte, ihn von der Schule und vom Leben zu erlösen.

Sein Körper wuchs heran, sein Geist wurde stärker, er verlor seinen Akzent und machte Abitur. Sodann kehrte er heim, um dort die Seinen das Reifezeugnis, seine Körpergröße, seinen sprießenden Schnurrbart und sein einwandfreies Französisch bewundern zu lassen.

Doch auch des Kaisers Gendarmen erwarteten ihn. Als sie vernahmen, dass da ein junger Provokateur in den Straßen von Gebweiler die Marseillaise schmetterte, kamen sie zur Überprüfung seiner Papiere. Joseph erklärte ihnen, dass er französischer Citoyen sei und ihn Kaiser und Gendarmen kreuzweise könnten. Sie nahmen ihn mit aufs Revier, wo sie ihn nochmals aufforderten, sich auszuweisen. Joseph weigerte sich von Neuem, erklärte sich hingegen bereit, seinen Hintern zu zeigen, da dieser wohl das Einzige an ihm sei, das germanische Züge habe.

Darauf verpasste man ihm einen derartigen Schlag, dass er einen herumliegenden Schürhaken ergriff und damit wild um sich schlug. Die Polizei kam mit zwei angerissenen Ohren, drei blutigen Nasen und einem hübsch rotgestreiften Schädel davon. Mein zukünftiger Vater mit zwei Jahren Kerker.

Er saß diese in Cottbus ab, und die Gendarmen verdarben ihm auch die Freilassung. Sie brachten ihn direkt in eine Kaserne der Reichswehr, wo ihn die Freuden des Militärdienstes erwarteten. Inzwischen hatte er verstanden, dass Heuchelei vorteilhafter war als Ehrlichkeit, gab sich als reumütiger Sünder und erzählte jedem, der es hören wollte, dass Deutschland sein wahres Vaterland sei und dass er nichts mehr begehre, als sein Elsässerblut für den Kaiser und dessen erhabene Familie zu vergießen. Man bestaunte seinen Eifer und gewährte ihm schließlich Heimaturlaub. In Gebweiler angekommen, verbrannte er seine Uniform im Ofen der väterlichen Waschküche und löste sich alsdann in Luft auf.

Im Departement Doubs tauchte er wieder auf, und zwar als junger Fabrikdirektor mit großer Zukunft. Das zumindest ließ ihn der Chef des betreffenden Unternehmens hoffen. Monsieur Jenny stammte aus dem elsässischen Thann. Nach der Annexion hatte er sich in Audincourt niedergelassen, wo er ein Feilenwerk gründete. Das Heimweh aber trieb ihn häufig zurück ins Elsass. Dort schimpfte er bei jeder sich bietenden Gelegenheit auf den Kaiser, egal ob bei gewöhnlichen Familienessen, bei Hochzeitsfesten oder bei Kommunionfeiern. Seine Schmähungen waren so herzlich, dass die kaiserliche Justiz davon Wind bekam und ihn wegen deutschfeindlicher Umtriebe ins Gefängnis von Cottbus steckte. Er war dort gerade mit der Rattenbekämpfung beschäftigt, als man meinen Vater zu ihm in die Zelle legte. Joseph verbündete sich mit ihm, die Ratten traten den Rückzug an und die beiden Männer wurden Freunde.

Monsieur Jenny hatte hochtrabende Pläne. Er träumte davon, Deutschland in einem Wirtschaftskrieg vernichtend zu schlagen, wobei Audincourt die wichtigste Bastion sein sollte. Bedeutende Unternehmen wie etwa die Peugeot-Werke hatten sich ja bereits dort angesiedelt. Den Jenny-Werken fehlten bloß noch ein paar Schornsteine – einen hatten sie schon, und keinen schlechten –, und schon sei die Stadt am Doubs ein neues Industriezentrum. Es fehlte ihnen außerdem ein aktiver und kompetenter Direktor, und so bot der Mittfünfziger seinem jungen Mitgefangenen an, ein solcher zu werden. So kam es, dass sich Joseph, der Deserteur aus dem deutschen Heer, anschickte, einer der Anführer der französischen Industrie zu werden, als die Schüsse von Sarajevo fielen und Deutschland, das wohl einen Wirtschaftskrieg fürchtete, einen Krieg der herkömmlichen Art begann. Unser junger Direktor streifte sich eine Zuavenuniform über und zog für Frankreich nach Tonkin ins Feld. Warum nach Tonkin? Weil er Gefahr gelaufen wäre, den Krieg mit zwölf Kugeln im Leib und einem Kiefernsarg um denselben herum zu beenden, wenn ihn die Deutschen als elsässischen Deserteur unter französischen Fahnen geschnappt hätten.

Den Kopf noch voll mit Tigern und Tonkinesinnen, war das Erste, was er nach seiner Rückkehr aus Indochina tat, sich nach Gebweiler zu begeben, um sich bei den Toten am Grab zu besinnen und sich mit den Lebenden bei Tisch zu laben. Da sein Zuavengefieder auf Babette ja bekanntlich eine erheiternde Wirkung gehabt hatte, erschien er beim zweiten Mal im zweifellos imposanteren Staat eines Direktors der Gebrüder Jenny & Cie., welche ihm seinen Chefsessel nach der Rückkehr aus Indochina zurückgegeben hatten. Dieser prächtige Staat umfasste einen Achtzylinder-Peugeot nebst Chauffeur mit Mütze und weißen Handschuhen, einen Gehstock mit Feinsilberknauf, darauf die Nachbildung eines Tigerkopfes, schließlich den jungen Direktor selbst, wie ein Gentleman gekleidet, welcher aus seinem noblen Automobil schlüpfte wie ein Küken aus seinem Ei. Dieses Mal lachte Babette nicht; sie zuckte nur verächtlich mit den Schultern, was Joseph noch viel demütigender fand. Wieder einmal war mein zukünftiges Leben bedroht ...

Jedoch hatte Papa schon weitaus schwierigere Schlachten geschlagen. Hätten die Bettvorleger auf seinem Schlafzimmerparkett reden können, sie hätten erzählt, was für tolle Tiger sie waren, bevor sie ihm begegneten. Immer wenn die Achtzylinderlimousine und der Chauffeur der Gebrüder Jenny & Cie. verfügbar waren, belagerte der junge Firmenchef das Herrgott'sche Restaurant. Doch Babette scheint noch immer uneinnehmbar, und so geht er dazu über, ihre Mutter zu betören und die Freundschaft ihres Bruders Nicolas zu erringen. Die Witwe Herrgott, die bereits eine Tochter mit einem Nordelsässer und zwei weitere mit Lothringern verheiratet hat (die Leute aus Lothringen und aus dem Unterelsass sind natürlich für unsere Oberelsässer wie Brüder, aber doch eher wie ungleiche Brüder, so wie die Sioux für die Komantschen oder die Bürger von Lille für die von Marseille, was wohl daher kommt, dass die Erstgenannten Biertrinker sind – ohne darüber jedoch den Wein zu verschmähen – und die Letzteren Weintrinker, die auch das Bier zu schätzen wissen), die Witwe Herrgott also, der wäre nichts lieber, als ihre Tochter einem Elsässer aus dem Florival in Personalunion mit einem Fabrikdirektor aus „Innerfrankreich" mit Wagen und bemütztem Chauffeur zu geben. Was den Nicolas betrifft, so hat sich seine Sympathie für den Zuaven zur freundschaftlichen Zuneigung für den Industrieboss entwickelt, was umso leichter ist, als sie beide dem Riesling gewogen sind und die Radikalsozialistische Partei ablehnen. Außerdem ist er noch Gemeindesekretär und Küster, also in der bestmöglichen Lage, die Formalitäten für eine kirchliche wie auch für eine standesamtliche Trauung in die Wege zu leiten.

Entschlossen, seiner Schwester und seinem Freund zum Glück zu verhelfen, bestellt er das Aufgebot, informiert den Pfarrer und sagt auch der Betroffenen Bescheid. Zunächst schreit Babette laut auf, doch schon kommt das ganze Dorf, ihr zu einem so schönen Mann in einer so glänzenden Stellung und mit einem solchen Luxusauto zu gratulieren. Nun, da sie sich nicht traut, diesen an ihrem Glück so freudig teilhabenden Leuten zu sagen, dass sie lieber bei ihrer Mutter bleiben möchte, lächelt sie mit ihnen, umarmt sie, lässt sie glauben, sie sei genauso glücklich wie sie ...

So kam es, dass Babette am 19. November 1919 im Atelier von Jean Schwaller, dem einzigen und folglich auch besten Fotografen von Gebweiler und dem ganzen Tal, für das Hochzeitsfoto posierte und dabei überaus hübsch den Kopf über Josephs Schulter neigte. Jetzt endlich habe ich mein Visum für unsere Erde und für das Jahr 1920. Oder, wie man heute sagt, jetzt bin ich vorprogrammiert.

3. Eine Straße mit nicht wenigen Namen – Eine Seele mit drei Flügeln – Der Elsässer ist das Gegenteil von sich selbst

Damit die Nichtelsässer wissen, auf welch sonderbaren Boden ich den Fuß setzen werde und welch ungewöhnliches Volk mich aufnehmen wird, erscheint es mir sinnvoll, einige Dinge zu erläutern. Es gibt kaum eine Gegend, die mehr geschätzt wird als das Elsass. Aber auch kaum eine, die so verkannt wird. Mit ihrem Namen verbindet man gemeinhin nur liebreizende Bilder und deftige Küchendüfte, die Vogesenkuppen, die Störche, das Sauerkraut, den Münsterkäse, den Riesling. Damit auch der Geist nicht unberücksichtigt bleibt, wollen wir das Straßburger Münster und den Isenheimer Altar, beide zu den Schätzen des Abendlandes zählend, nicht vergessen. All das macht ihr Friedensgesicht aus, und es gibt gewiss kein menschlicheres, kein brüderlicheres, kein einladenderes, vor allem zur Essenszeit. Doch das Elsass hat noch ein anderes, von dem man in Frankreich wenig, im Elsass dafür fast zu viel weiß, nämlich sein historisches Gesicht. Es gibt kaum ein traurigeres, denn es gibt kaum eine Gegend, die von der Geschichte ärger und regelmäßiger erschüttert worden wäre. Ein Elsässer über Achtzig hatte im Jahr 1945 bereits viermal die Staatsangehörigkeit gewechselt. Eine elsässische Hauptstraße, die vor einhundertfünfzehn Jahren noch Avenue Napoléon geheißen hatte, wurde 1871 zur Kaiser-Wilhelm-Straße, dann, 1918, in Boulevard de la République umgetauft, bekam 1938 den Namen Avenue Daladier (zu Ehren des Hasenfußes von München, den man damals Friedensretter nannte), verkleidete sich 1940 als Rudolf-Hess-Straße, nahm 1941 Adolf Hitlers Namen an, als Rudolf mit Adolfs Grüßen gen England entflog, um sich schließlich 1945 den hoffentlich endgültigen Namen Avenue du Général de Gaulle zu geben. Das ist schon Wirrnis genug für einen Briefträger. Aber es ist mehr als genug, um einem Volk seelischen Schaden zuzufügen.

Diesem Hin und Her, das schon seit Jahrhunderten so geht, verdanken wir Elsässer unsere beiden Seelen. Eine französische Seele, schick und chauvinistisch, deren kulturelle Leitbilder, wie man sagt, wenn man auf dem Laufenden ist, Leute und Dinge wie schöne Frauen, guter Wein, Rabelais, Jeanne d'Arc, Ravaillac, die Pompadour, der 14. Juli, Napoleon, de Gaulle und Pommes Frites sind; eine germanische Seele, deren Waldeslust, Friedensliebe und Verträumtheit von den Wäldern herrühren, von der

Musik, der Lorelei und dem Fernweh nach Ländern, in denen Zitronenbäume blühen. (Wenn es so scheint, als stellte ich einem Land der Dichter ein Land der Genießer gegenüber, ein Deutschland der Geigen einem Frankreich der Pauken und Trompeten, so heißt das nicht, ich würde die Pickelhauben und die Krematorien vergessen, es kommt nur daher, dass meine germanische Seele sich auf Goethes Forderung nach „mehr Licht" beruft und gleichzeitig das „Nacht und Nebel" verwirft, in welchem Millionen von Verschleppten verschlungen wurden.)

Zu diesen beiden Seelen gesellt sich noch eine dritte, die elsässische nämlich. Gerne würde ich behaupten, sie sei die Summe der beiden anderen, doch weiß ich seit meinen ersten Rechenstunden, dass man Karotten und Kaninchen nicht zusammenzählt. Ich könnte auch erklären, sie sei deren Synthese, doch ohne Übereinstimmung und Harmonie gibt es keine Synthese, und so bleibt der Elsässer auch weiterhin mehr oder minder gefangen in einem Dickicht von Paradoxien und Widersprüchen.

Nehmen wir einmal das Beispiel meines Onkels Eduard. Gegen Ende der Zwanzigerjahre führte er den „Klosterkeller", eine gemütliche Schenke zu Füßen der Abtei von Murbach. An den Wänden seiner Wirtschaft hingen Bilder wie „Der Traum zieht vorbei", „Die letzten Patronen", „Der Tod des Aiglon"[1], allesamt in der patriotischen Tradition Frankreichs gemalt. Doch wenn er anständig dem Riesling zugesprochen hatte und sich in Gesellschaft befand, war es nicht selten, dass man ihn „Ich hatt' einen Kameraden" oder ein anderes Lied aus deutscher Militärtradition anstimmen hörte. Es wäre eine maßlose Untertreibung zu behaupten, er habe nichts für die Deutschen übriggehabt, aber er bewunderte ihren Arbeitseifer. „Die zeige's uns!", verkündete er dann auf Elsässisch. Er liebte sein Frankreich von ganzem Herzen, jedoch die Schwächen der Franzosen, dieser gewisse Leichtsinn, diese gewisse Gleichgültigkeit, schienen ihm frevelhaft; als er einst nach Lothringen gereist war und die riesigen Misthaufen, weithin sichtbar, vor den Häusern erblickte, was als äußeres Zeichen des Wohlstandes galt, hat er vielleicht nicht gerade die Nase gerümpft, doch er hat diese Ehrerbietung für Kuhfladen und Pferdeäpfel etwas sonderbar gefunden. Er sprach nur, wenn's nötig war, Französisch,

---

[1] La mort de l'Aiglon: Darstellung des 1832 mit nur 21 Jahren gestorbenen Sohnes Napoleons, des „Sohnes des Adlers".

las die deutsche Ausgabe des „Gebweiler Volksblattes" und schmetterte sein „Großer Gott" bei allen Prozessionen. Doch wehe dem Pariser Sommerfrischler, der sich über seine Treue zum Dialekt wunderte und daraus falsche Schlüsse für seine Vaterlandstreue zog. Dem entgegnete er dann mit hochrotem Kopf und starkem Elsässer Einschlag, dass er französischer sei als dieser. Womit er nicht Unrecht hatte. Denn man muss schon wahnsinnig französisch sein, um dabei auch noch einen deutschen Dialekt zu sprechen. Ein Elsässer, der mit dem Elsass vortreffliche Psychoanalyse betrieb und zudem Pastor, Rechtsanwalt und Journalist sowie Sauger des substantialischen Marks[2] und großer Liebhaber des September-Traubenmüsleins[3] war, ist Frédéric Hoffet. Hier seine These in Kurzform: Im Bestreben, eine hundertprozentig französische Seele zu besitzen, verdrängt der Elsässer seinen germanischen Einschlag (und das noch viel mehr, wenn der Ruf, welchen sich Deutschland unter dem Naziregime erworben hat, schlimmerweise mit allem, was deutsch ist, gleichgestellt wird). Doch so viel er sich auch einreden mag, er sei ein ganz normaler Franzose, so genügt doch eine Kleinigkeit, etwa eine Bemerkung über seinen Namen, seinen Dialekt oder seinen Akzent, und er wird daran erinnert, dass er anders ist. Die Gefühle, die er hinsichtlich der „Innerfranzosen" empfindet, sind die eines Adoptivkindes gegenüber „richtigen" Kindern. Deshalb kompensiert er seinen Minderwertigkeitskomplex durch ein Mehr an Patriotismus. Verdrängung und Kompensierung aber verschlimmern nur noch den inneren Konflikt, der seinen symbolischen Ausdruck im berühmtesten elsässischen Volkslied findet, im „Hans im Schnokeloch". *D'r Hans im Schnokeloch hett alles was 'r will, und was 'r hett, des will 'r net, und was 'r will, des hett 'r nett. D'r Hans im Schnokeloch hett alles was 'r will.*

Sehr frei interpretiert bedeutet dies, dass Hans deutsche Charakterzüge hat, die er nicht will. Hans will eine gänzlich französische Seele und hat sie nicht. Dabei genügte es ja, einfach nur zu wollen, was er hat – will sagen, er müsste seine doppelte Natur, sein Elsässertum, akzeptieren, um endlich aus dem Schnokeloch und den Komplexen herauszukommen und zu haben, was er will: sein seelisches Gleichgewicht und den inneren

---

[2] Jemand, der durch intensives Studium das Wesen der Dinge aus ihnen herausholt, also das Mark aus den Knochen saugt. Von François Rabelais in seinem 1534 erschienenen Roman „Gargantua" verwendeter Begriff (in Kap.3).
[3] September-Traubenmüslein: Wein. Ebenfalls aus „Gargantua" (in Kap. 7).

Frieden. Kurzum, sobald er akzeptiert, was ihn von den anderen Franzosen unterscheidet, wird er erkennen, dass dieser Unterschied keineswegs einen Mangel, sondern einen Vorteil darstellt.

Auch wenn der „Hans im Schnokeloch" dem Buch von Frédéric Hoffet[4] als Motto vorangestellt war und ihm ein elsässisches Sprichwort folgte – „Wie m'rs macht, esch's letz" –, trug auch die Schlussfolgerung des Werkes noch dazu bei, das Paradoxon zu verstärken: Was immer man im Elsass auch sagen mag, das Gegenteil davon ist ebenso richtig. Und tatsächlich, wenn der Mythos des „Hans im Schnokeloch" einen Aspekt elsässischer Realität widerspiegelt, so ist diese wankelmütige Figur, die nicht weiß, was sie will, auch das Gegenteil des willensstarken, eigensinnigen Elsässers, der aufrecht den Stürmen trotzt und sich hartnäckig weigert, von den Wirbelwinden der Geschichte zerrissen zu werden. Ach, apropos Geschichte, es wird höchste Zeit, dass meine beginnt!

---

[4] Frédéric Hoffet, Psychanalyse de l'Alsace, Colmar 1951.

4. *Ein ganz einfaches Weltwunder – Die verlorene Sicht – Vogesenrundungen – Im Herzen des Universums – Die Spiele des Heiligen Geistes – Irdische Nahrung – Engelserscheinung*

Ich habe den mütterlichen Leib in der Nacht vom 22. auf den 23. August 1920 verlassen. Zehn Millionen junge Männer waren gerade wegen nichts gestorben, die europäische Bevölkerung wuchs dem nächsten Massaker entgegen, und es blieben gerade mal neunzehn Friedensjahre. Doch die Sterne standen günstig, die Sonne ging vom Zeichen des Löwen zu dem der Jungfrau über, und ich erreichte das Gebweiler Tal, auch Florival genannt, welches ich als das Meisterwerk der Schöpfung ansehe, was immer die Elsässer aus den anderen Tälern und die Bewohner des restlichen Planeten auch dazu sagen mögen.

Gewiss, ich habe grandiosere Orte gesehen, die Niagarafälle, den Colorado, den Amazonas, so ziemlich alles, was sich ein Weltenbummler am Ende dieses Jahrhunderts in ein paar Flugstunden vor Augen führen kann, doch all das ist nichts gegen das Florival. Es ist wie mit den Wagner-Opern: Drei Stunden Wagner sind gewaltig, da bin ich buchstäblich außer mir, doch schon ein paar Takte Mozart genügen, um mich wieder reinzuholen. Es gibt Melodien und Landschaften, die einen aufwühlen, während einen andere in Entzücken versetzen. So ist es auch mit dem Gebweiler Tal.

Nur ein einziges Tal ist ihm ebenbürtig, nämlich das von Spoleto, das sich rund um das selige Assisi herumschmiegt, die Heimat des heiligen Franziskus. In seiner Sanftheit und Einfachheit ist das Florival wahrhaft franziskanisch. Das Elsass zeigt seine Schätze wie eine schöne Frau ihren Schmuck, und Gott weiß, dass es zwischen Egisheim und Reichenweier sowie von Dambach nach Weißenburg seine Colliers, seine Geschmeide und seine Diademe aneinanderreiht, von den Edelsteinen namens Colmar und Straßburg ganz zu schweigen, doch all die Schätze, die an Hals, Ohren und Fingern unserer einzigartigen Provinz funkeln, haben nicht viel mit dem Florival gemein. Sie ähneln viel eher – *étymologie oblige* – jenen Blumenkränzen, welche man sich auf Tahiti um den Hals legt. Ja, das Gebweiler Tal ist franziskanisch, und wenngleich seine Kirchen – Murbach, Gebweiler, Lautenbach – auch durch ihre Pracht bestechen, so geht diese doch vor allem auf deren Einfachheit zurück. Die vollkommenste unter ihnen, die von Murbach, treibt es mit der Demut gar so weit, dass sie ganz auf ihr Kirchenschiff verzichtet.

Die Gegend erschien mir damals umso paradiesischer, als ich dort nur sporadisch weilte. Nachdem der junge und vorzügliche Direktor der Jenny-Werke die Herrgott'sche Gastwirtstochter geehelicht hatte, nahm er diese mit in das, was man als das Le Creusot der Franche-Comté bezeichnete, also nach Audincourt. Mama wurde dort nicht glücklich. Die Uhrzeit, die sonst von der ehemaligen Lautenbacher Stiftskirche herüberläutete, wurde durch Sirengeheul ersetzt, der romanische Turm durch Fabrikschlote, der Windhauch in den Linden durch den Lärm der Walzwerke und der Duft der Berge durch Industriequalm. Was die menschlichen Beziehungen betrifft, die sich sonst in fröhlichem Wirtshauspalaver darstellten, so waren die wegen ihres schlechten Französischs auf undeutliche und einsilbige Gespräche mit den Nachbarinnen über die Wetterlage beschränkt: „Vouille Matame, fait chaud" oder „Vouille Matame, fait pas chaud".[5] So kam es, dass Papa, wenn sie das Heimweh zu sehr plagte, Mitleid mit ihr bekam und sie in ihr Dorf fuhr. Zusammen mit dem Schangele und einem zweiten Schlingel, drei Jahre nach mir angekommen, den wir den Pierri nennen. So spielte sich unsere Kindheit zwischen Audincourt und dem Florival ab, zwischen unserem Hauptwohnsitz, an dem wir uns mehr oder minder wie im Exil vorkamen, und unserem Zweitwohnsitz, der für uns das Haus des Herrgotts war, nomen est omen.

Da fällt mir eine Wanderung von Lautenbach nach Murbach ein, die wir mit Monsieur Kuster, der mit unserem Vater befreundet war, unternahmen. Der Krieg hatte nicht alle umgebracht, er hatte aber eine Vielzahl an entstellten Gesichtern, an Arm- und Beinamputierten, an Krückengängern und Gasgeschädigten, die ihre Lungen aus sich herauszuhusten schienen, hinterlassen. Monsieur Kuster hatte das Augenlicht verloren. Wir hatten auf einem Felsvorsprung über dem Tal Halt gemacht und betrachteten Dörfer, Gärten und Weinberge, wobei wir unsere Betrachtung mit bewundernden Kommentaren ausstatteten. Da sahen wir, wie zwei Tränen die Wangen des Blinden herunterliefen, und mein kleiner Bruder, der Pierri, fragte: „Warum weinst du, Monsieur Kuster?" Ich hielt es für angebracht, an seiner Stelle zu antworten: „Weil er nicht mehr sehen kann

---

[5] „Ja, Madame, 's ist heiß.", „Ja, Madame, 's ist nicht heiß."

natürlich!" Monsieur Kuster lächelte gütig und sog den milden Zephir, der die Berge herunterwehte, kräftig in seine Lungen. „Stimmt, Kleiner, ich sehe das Tal nicht mehr. Aber ich kann es einatmen!" Als wir später unter uns waren, erklärte Papa das Ganze: „Monsieur Kuster bemüht sich, ohne seine Augen glücklich zu sein. Das nennt man die Elsässer Courage."

Doch das Tal hat seine Schönheit auch den es einrahmenden Bergen zu verdanken, also den Vogesen, deren Name so sanft nach Musik klingt und so malerisch schön wirkt (ich habe dabei das Initial im Sinn, dieses wie ein Tal geformte V, und auch die anderen Buchstaben, lauter Kurven und Rundungen). Ich habe den Himalaja flüchtig gesehen, den Kaukasus bestaunt, den Schnee auf dem Kilimandscharo bewundert; ich habe die Rockies überquert, bin die Andenkette entlanggereist und habe demütig wie Monsieur Perrichon[6] vor dem Mer de Glace am Montblanc gestanden. Doch auch in dieser Hinsicht meine ich, behaupten zu dürfen, dass die Vogesen die schönsten oder zumindest die anmutigsten Berge der Schöpfung sind.

Im Gegensatz zu den vorhin genannten Erhebungen, deren Natur es ist, einem den Weg zu versperren, beugen sie ihren Rücken, um es den Straßen und Wegen leichter zu machen. Eispickel, Felshaken oder Eroberungswahnsinn sind da völlig unnötig. Sie empfangen einen mit offenen Tälern und laden den Reisenden so ein wie ein niederkniendes Kamel den Kamelreiter. Ich würde sogar sagen – wehe dem, der Schlechtes dabei dächte oder mich der Zwangsneurose bezichtigte – dass sie weibliche Formen und Anmut besitzen. Ich weiß, wovon ich rede, ich habe schließlich in meiner Kindheit ihre Kurven erwandert, und zudem runden sich um das Gebweiler Tal herum die schönsten Bergkuppen. Es versteht sich wohl von selbst, dass für mich der Mittelpunkt der Welt weder Washington noch Moskau ist, wie Amerikaner beziehungsweise Russen meinen, nicht Rom und nicht Jerusalem, wie einem Christen und Juden versichern, nicht die Sargassosee, wie die Aale glauben, oder gar die Brasserie Lipp, wie die Pariser Intellektuellen denken; der Mittelpunkt der Welt ist das Florival. Der Genauigkeit halber sei hinzugefügt, dass Lautenbach zentral im Tal liegt, dass mein Geburtshaus mitten im Dorf steht (das „Café-Restaurant du Centre") und dass sich das Zimmer, in dem ich meinen ersten Schrei

---

[6] Aus der Komödie „Die Reise des Herrn Perrichon" von Eugène Labiche und Édouard Martin von 1860.

ausstieß, im Herzen des Hauses befindet. Gewiss, es war nicht der Stall von Bethlehem, doch Sie müssen zugeben, dass einen das ganz schön egozentrisch machen kann.

Und noch weitere Besonderheiten nährten meinen Größenwahn. Da wäre zunächst einmal die Tatsache zu nennen, dass meine Familie mütterlicherseits, deren Wiege das *Café du Centre* ist, denselben Namen trägt wie der Gebieter des Universums: Herrgott. Um die Sache zu würzen, hatte der Allmächtige seine Wohnstatt, ein Juwel der Romanik, genau der unseren gegenüber eingerichtet, was dazu führte, dass die Leute aus dem Dorf niemals zum Herrgott der Kirche beteten, ohne sich zuvor beim Herrgott des Gasthauses gestärkt zu haben.

Da war auch das, was Papa von sich gab, der ja im Fernen Osten gewesen war, die Wunderdinge noch vor Augen, die er gesehen hatte. Er erzählte mir, dass der liebe Gott, wenn er Lust bekomme, sein Werk zu betrachten, sein Fernrohr nicht etwa auf die Sambesifälle richte; nein, er beuge sich über Lautenbach und riefe seine Engel herbei, damit sie mitschauen könnten, und die Engel eilten aus allen Himmelsrichtungen herbei, und ihre Augen leuchteten wie Türkise, und auch die Heilige Jungfrau käme dazu, mit ihrem azurblauen Mantel, und all dies mache den Himmel über Lautenbach noch blauer als den über Jerusalem ...

Ein weiteres Wunder war das, welches das Spiel des Wassers und der Sonne bereitete. Es fand am Brunnen unter meinem Fenster fast jeden Morgen statt. Immer wenn die Sonne das Wasser berührte, wurde sie von diesem widergespiegelt und an die Decke meines Zimmers geworfen, an welcher das Licht schaukelte. Diese Goldflut verzauberte mich umso mehr, als Papa sie auf die Anwesenheit des Heiligen Geistes zurückführte. Ich wusste, dass sich dieser in Tauben oder Feuerzungen verwandeln konnte, als mir aber mein Vater erklärte, er werde zu Licht und dringe durch die Spalten in den Fensterläden ein und berühre so die Decke, war ich wie gebannt. Gott war ohne Zweifel mit uns. Also gewöhnte ich mich an ihn. Schließlich konnte seine Gegenwart auch nicht wundernehmen, denn er gehörte ja zur Familie.

Meine Großmutter gehörte zu denen, die es verdienten, des Herrgotts Namen zu tragen. Sie hatte, wie man sagt, das Herz am rechten Fleck. Man sah es ihren Augen an. Ihre Güte durchzog das Haus und nicht zuletzt die Küche, wo sie, von der alten Elise sekundiert, über ein ganzes Orchester von Düften und Wohlgerüchen regierte, dessen Hauptinstrumente Schinken, Speck, Würste und der Münsterkäse waren, dessen Aroma man vorsichtshalber unter einer Glasglocke verbarg und zu dem Nicolas eine eindringliche Definition parat hatte: ein gewaltig zwiespältiger Käse, er vereint Genuss und Ekel, Paradies und Pesthauch, deutschen Geruch, französischen Geschmack, ein typisch elsässischer Käse. Papa und mein Onkel waren sich zwar über seine Vorzüge einig, doch nicht über den Wein, der ihn begleiten sollte. Nicolas riet zu Riesling, während Papa einen weniger schmalbrüstigen Wein, etwa einen Burgunder, empfahl oder gar einen richtig derben befürwortete, wie beispielsweise den algerischen, von dem er sagte, er sei für den Münster geschaffen wie die Hand des braven Mannes für den Hintern der Schönen, worauf sich stets meine Hand eigenartig zusammenkrampfte.

Hoch über dem Spülstein baumelten diverse gehäutete oder gerupfte Persönlichkeiten, womit ich jene Hähne und Hasen meine, welche Nicolas auf die Namen Herriot, Laval, Stalin oder von Papen zu taufen pflegte ... Da ich den Bewohnern von Hühnerhof und Hasenstall meist freundschaftlich verbunden war, wollte ich lieber nicht wissen, um wen es sich da in der Küche handelte, um sie obendrein auch noch ohne Gewissensbisse verzehren zu können. Das Schwein jedoch, ein weniger geselliges Tier, erweckte nur wenig Sympathie. Jedes Jahr wurde eines geschlachtet, und ich schaute mit eher gemischten Gefühlen dem zu, was die Opfernden als ein Fest betrachteten und was für das Opfer selbst ziemlich tragisch war. Was nützte es, dass man einen guten Magen hatte, es kam einem ja doch hoch beim Anblick des Blutes und bei dem Geruch, der den zuckenden und dampfenden Innereien entstieg. Was mich aber faszinierte, waren die Handgriffe, die den Schrecken in Wonne und die widerlichsten Eingeweide in allerfeinste Wurstwaren verwandelten.

Über den deftigen Speisen standen andere Köstlichkeiten, die Kuchen nämlich, in welchen sich Großmutters Güte wie in der Eucharistie darbot: Reichte sie uns Gugelhupf oder Vacherin, gab sie uns damit ihre Seele zu essen.

Gleich neben der Küche: die Wirtschaft, in der Nicolas regierte. Alles, was nach Riesling und einem Plausch dürstete, traf sich dort. Zwei Sorten Gäste: die von hinten im Saal, die Kunden Erster Klasse waren, wie der Bürgermeister, der Lehrer oder, wenn er gerade in der Gegend war, der

Direktor der Jenny-Werke. Ihnen und ganz besonders ihrem Gesäß erwies man Ehre, indem man sie auf mit Leder bezogene Bänke setzte. Die bescheideneren Hinterteile nahmen im übrigen Raum Platz und verfügten über Holzbänke. Auf der weichen Bank belebte Nicolas, regelmäßiger Leser der „Action française"[7] und überzeugter Monarchist, das Gespräch: Leitartikel von Maurras, Gedanken von Léon Daudet, Schmähungen gegen die Republik, Beschimpfung der linken Parteien, Angriffe gegen die französische Regierung, Warnungen an ausländische Regierungen und Endzeitstimmung. Auf den ungepolsterten Plätzen wurde natürlich über banalere Dinge geredet, über häusliches Leid, Gesundheitssorgen, Unwägbarkeiten bei der Ernte und gehörnte Ehemänner. Hier in der Kneipe lernte der Schangele mit offenen Ohren, elsässisch zu leben und zu sprechen.

Auf den Absatz der ersten Etage führte eine königliche Treppe, deren stilvolle Größe Nicolas' monarchistischen Vorstellungen bestimmt nicht fremd war. Wenn man sah, wie er sie mit geschwellter Brust emporstieg, konnte man leicht meinen, er wähne sich im Louvre oder in Versailles. Diese Treppe hatte eine Stufe, welche Tag und Nacht knarrte, außer unter den Schritten von Großmutter Herrgott, die sie, wenn es spät war, mit äußerster Behutsamkeit beschritt, so sehr nahm sie Rücksicht auf die nächtliche Ruhe ihrer Lieben. Denn auf diesen Absatz führten sechs Schlaf- und ein Badezimmer. Was die Schlafzimmer betrifft, so fanden es die fünfundzwanzig Abkömmlinge der Großmutter Herrgott ganz normal, das Haus des Allmächtigen zu bewohnen, da sie sich ja für dessen Kinder hielten. Und das Badezimmer war gewiss den mittelalterlichen Schwitzbädern ähnlicher als modernen Sanitäranlagen. Ich war kein Freund des Wassers, doch liebte ich es, unter dem Kessel mit den Heizspiralen Feuer zu machen.

Die Treppe endete im Himmel, also auf dem Speicher. Dort lagen die Hasel- und Walnüsse zum Trocknen, denen ich heimliche Besuche abstattete und deren Schalen ich mit dem Absatz eines Schuhes knackte, wobei ich sie in einem Taschentuch erstickte, um sie geräuschlos zu killen. Dort ruhten auch die von meinen Tanten verstümmelten Puppen und die von

---

[7] Tageszeitung (erschienen 1908–1944) der rechtsextremen und monarchistischen Bewegung gleichen Namens.

meinen Onkeln zur Strecke gebrachten Spielsachen, insbesondere eine kupferne Dampfmaschine, der zum Funktionieren nur ein Ventil fehlte, welches zu reparieren Onkel Nicolas hoch und heilig versprochen hatte. Ein erstes Versprechen muss er mir unter der Regierung Painlevé gemacht und es sicher hundertmal unter den Regierungen Briand und Tardieu erneuert haben. Er ist gestorben, ohne es eingelöst zu haben, doch vertraue ich auch weiterhin auf ihn, denn wir haben ja die Ewigkeit noch vor uns. Da waren auch, neben anderen schulischen Relikten, einige mehr oder weniger gute Abschlusszeugnisse, welche man wohl unter Glas eingerahmt hätte, wären sie nicht auf Deutsch geschrieben und „im Namen des Kaisers" ausgestellt gewesen.

Das Wunderbarste aller Dinge aber war ein Sonnenstrahl, auf dem Millionen von Staubpartikeln tanzten und welcher ebenfalls nur eine Spielart des Heiligen Geistes sein konnte. Er kam durch eine Dachluke herein und berührte alte Kleider, deren plötzlich lebendig gewordene Farben die Frische der Vergangenheit, der Jugendzeit also, wiederfanden.

Doch die Dachluke ließ nicht nur den Heiligen Geist ein, sie führte auch zum Reich der Engel. Natürlich nicht zur Gesamtheit der himmlischen Heerscharen, sondern nur – und das schon war großartig – auf zwei Engelein, die der Herr wahrscheinlich aus seinem Gefolge abkommandiert und nach Lautenbach delegiert hatte, um das Florival, wenn das überhaupt noch ging, zu verschönern, und die der Schangele ohne großes Risiko oben vom Dach herunter beobachten kam. Ich spreche von den kleinen Meyer-Mädchen, Marguerite und Lucie, die jene, die mit ihren Augen nicht über den bloßen Schein der Dinge hinwegsehen konnten, für die Töchterchen des neu ernannten Lautenbacher Schuldirektors hielten.

Sie waren unzertrennlich, und man konnte nicht von der einen hingerissen sein, ohne auch der anderen zu verfallen. Es versteht sich von selbst, dass sie mich beide faszinierten, doch war ich damals durch und durch monogam, und wäre mein Herz auch tausendmal größer gewesen, es wäre nur Platz für ein einziges Liebchen gewesen. So öffnete ich es gleich bei deren erstem Erscheinen für die kleine Marguerite. Ich war auf den Speicher gestiegen, um mich mit Nüssen zu versorgen. Vom Licht angelockt, also vom Heiligen Geist, war ich zur Luke gegangen, als meine Wimpern zu klimpern begannen. Marguerite saß unter der Kirchenvorhalle, mit ihrem goldenen Haar, ihren Vergissmeinnichtaugen und ihrem sanften Antlitz, welches über ihre Puppe gebeugt war – ein Engel, das schwöre ich euch, ein Engel, der Muttergottes spielte. Meine Erinnerung hält mir diese Erscheinung mit Gold und Blau vor Augen. Dann sehe ich das Gold der Sonne und das Blau des Himmels, nach dem sich der Kirchturm reckte, die Uhr, deren Ziffernblatt blau war und deren Zeiger vergoldet, und zu Füßen von alledem der Engel Marguerite mit seinen leuchtenden Haaren und seinen vergissmeinnichtblauen Augen. Lucie, dieser ebenfalls entzückende Engel, saß daneben, doch schon sah ich nur noch Marguerite.

Der Schangele hat keinerlei Ahnung von den beiden, er weiß nicht, wer sie sind noch wie sie heißen oder wie sie vom Himmel auf den Kirchplatz gelangt sind. Mit Riesensätzen poltert er die Treppe hinab, um Erkundigungen einzuholen. Am Tresen sind nur zwei Leute, nämlich Nicolas als Wirt und Gusti als Gast. Sie schlürfen einen Schoppen Weißwein, während der Erste dem Letztgenannten die Nachteile der Demokratie aufzählt. Der Gusti, der Landarbeiter ist, hört geduldig zu, denn Nicolas gibt ihm einen aus, und je mehr Nachteile die Demokratie hat, desto durstiger und spendabler wird deren Verächter. Der Schangele traut sich nicht, seinen Onkel zu fragen, er fürchtet seinen Spott. Also schaut er weiter hinaus, von einem Fenster halb verdeckt.

Doch während er dem Gusti Maurras'sches Gedankengut weitergibt, beobachtet Nicolas seinen Neffen. Er merkt, dass dieser der Welt weit entrückt ist, und ruft ihm zu: „Du würdest dich gerne mit ihnen vergnügen, oder, Schangele?" Der Schangele spielt den Verblüfften. Mit wem? Doch Nicolas lässt sich nicht täuschen: „Spiel jetzt nicht den Unschuldsengel! Du weißt genau, von wem ich rede. Wenn deine Augen sie holen könnten, hättest du schon auf jedem Knie eine von ihnen sitzen! Aber das werden wir schon hinkriegen, ich will dich diesen Fräuleinchen vorstellen!" Und schon ist er am Fenster und schreit: „Marguerite, Lucie, kommt und schaut euch das Vögelchen an, das wir gefunden haben! 'S esch e Fäjele üss'm Frankrisch!" Der Schangele wartete nicht, bis die Engelchen da waren. Er flüchtete sich auf den Speicher und schob den Riegel vor. Er hörte, wie Nicolas den Mädchen erklärte, das Vöglein habe Angst bekommen und sei davongeflogen. Er hörte ihn auch noch sagen, dass ihn eine derartige Ängstlichkeit bei einem französischen Vogel doch sehr verwundere.

5. Massenrettung – Ein Flugzeug für zwei – Der Sturz des Akrobaten – Karamellbonbons, Liebe und Eifersucht – Die Diamantspangen der Königin – Der Engelshauch

Den Schangele packte eine wilde Wut auf sich selbst und auf seinen Onkel Nicolas. Er rächte sich mit einem Angriff auf die Hasel- und Walnüsse. Zuerst trat er wild auf ihnen herum, als er aber merkte, dass der dabei entstandene Brei ungenießbar war, nahm er beim Treten mehr Maß und tröstete sich damit, seine Opfer zu verspeisen. Worauf er wieder ans Fenster ging und die Lage sondierte.

Die Engelchen hatten wieder ihren Platz unter der Vorhalle der Kirche eingenommen. Ab und zu reckten sie ihre Näschen gen Himmel. Man hätte meinen können, sie lächelten dort den anderen Engeln zu, doch der Schangele begriff schnell, dass sie den Vogel suchten, den ihnen Nicolas vorstellen wollte. Vorsichtig zog er den Kopf zurück.

Von da an teilte Marguerite sein Leben, zumindest jenes, das man die Fantasiewelt nennt und das natürlich viel reicher ist als das, welches man das wirkliche Leben nennt. So kam es dazu, dass bei den Meyers ein Brand ausbrach. Der Schangele entriss nicht nur Marguerite den Flammen, er stürzte sich sieben weitere Male in die Glut, um die übrige Familie zu retten. Beim letzten Mal wäre er fast selbst draufgegangen: Monsieur Meyer wog nämlich mehr als achtzig Kilo, eine arge Last für die Schultern eines unter Zehnjährigen.

Kurz darauf suchte eine weitere Katastrophe das Lautenbacher Tal heim. Die Staumauer des Lauchsees hatte nachgegeben und tausende Kubikmeter Wasser strömten talabwärts. Dieses Mal konnte der Schangele kein Wunder vollbringen. Er hatte aber das unwahrscheinliche Glück, Marguerite aus den Fluten zu reißen, die sie auf die Sankt-Gangolfskapelle zutrieben, während die anderen Meyers in der Tragödie den Tod gefunden hatten. Der Schangele trauerte aufrichtig um sie. Ebenso aufrichtig gefiel es ihm aber, dass Marguerite nun Waise und ohne Familie war: Nun würde er ihr ganz alleine alle Liebe, die sie verloren hatte, schenken dürfen.

Dann gingen sie auf Reisen. Ein nationales Lotterieprojekt war gerade in aller Munde, das die Armen zu Millionären machen sollte. Der Schangele tat, als ob es sie schon gäbe, und kaufte die Losnummer 81920, die mehr oder weniger seinem Geburtsdatum entsprach, und gewann fünf Millionen Francs. Er vermachte einen Teil seinen Eltern und steckte den Rest in den Kauf eines Flugzeugs, aber nicht in eine so ärmliche Maschine wie die, mit der Nungesser und Coli 1927 im Atlantik versunken waren, just an dem Tag, an dem eine große Pariser Zeitung ihre triumphale Ankunft in New York verkündet hatte – das zeige, wie ernsthaft die republikanische Presse bei der Sache war, wie Onkel Nicolas spottete –, nein, was der Schangele seiner Marguerite schenkte, war eine Maschine mit mehreren Motoren und einem zum Liebesnest umgebauten Rumpf. Mit diesem fabelhaften Fluggerät reisten sie von Pol zu Pol um die Welt. Warum von Pol zu Pol? Weil man dort friert und es in einer so großen Kälte nichts Schöneres gibt, als sich eng aneinanderzuschmiegen und sich so gegenseitig warmzuhalten.

Ich erspare Ihnen weitere Abenteuer. Sie bestanden im Wesentlichen aus vom Schangele ausgeführten Rettungstaten. Immer wenn ein Indianer, ein Kanake, ein Tiger, ein Krokodil, ein Haifisch, eine Schlange, ein Skorpion, ein Spion, ein Anarchist, ein Kommunist, ein Räuber, ein Mörder, ein Verführer (also einer dieser Prinzen aus dem Morgenland, die glauben, sie dürften alles, nur weil sie im Gold schwimmen), immer wenn einer dieser Satansbraten den blauäugigen Engel bedrohte, war der Schangele zur Stelle. Schnell zog er seinen Revolver und tötete alle, einen nach dem anderen.

Er vollbrachte seine Heldentaten mal nachts in seinem Bett, mal tagsüber oben auf dem Dachboden, wo er sich stundenlang versteckte. Von Zeit zu Zeit lugte er aus dem Dachfenster, um zu sehen, ob die Engel da waren. Sie waren es nicht oft, denn sie spielten lieber im Schulhof. Wenn sie sich unter die Linden vorwagten, sah der jugendliche Späher nur ihre Beine, während der Körper hinter dem Laub verborgen war. Sein Blick heftete sich natürlich auf die von Marguerite, und seine Verzückung kannte keine Grenzen, wenn das Engelchen wegen eines Steins in den Sandalen seine Füße zeigte. Setzte sie sich aber unter die Vorhalle der Kirche, konnte er sich an ihrer ganzen Schönheit ergötzen.

Bis zu jenem Tag, an dem sich ihre Blicke trafen, da er seine Augen nicht von ihrer blendenden Erscheinung lassen konnte. Sofort zog er den Kopf zurück, und da er kein Periskop hatte, wartete er minutenlang, bevor er wieder nach draußen schaute. Und als er wieder auftauchte, waren die

Vergissmeinnichtaugen immer noch da, starrten auf die Dachluke und wurden von einem Lächeln begleitet, das man nicht engelhaft nennen konnte, da es zu spöttisch war.

Er tauchte wieder ab, begriff jedoch, dass er entdeckt war: Jetzt wusste Marguerite, wer der Vogel war, den ihr Nicolas zeigen wollte. Wenn er an seine Flucht dachte, schämte er sich zutiefst. Er hatte ein trauriges Bild von den französischen Vögeln abgegeben. Doch er würde das wiedergutmachen. Ein Junge, der in seinen Träumen so tapfer war, konnte unmöglich im Leben feige sein. Er bekreuzigte sich mehrmals, betete zum Herrn um Mut, stieg hinunter in den Hof, nahm das Fahrrad aus dem Schuppen, schwang sich drauf und raste auf den Platz, in der klar erkennbaren Absicht, mit seinen Talenten als Radrennfahrer und Akrobat Bewunderung zu ernten. Letzteres, indem er den Lenker losließ, eine Nummer, die er schon seit Monaten trainierte. Oh! Er trotzte den Gesetzen der Schwerkraft nur wenige Sekunden lang, doch das sollte für die Bewunderung der Engelchen genügen. Leider war der Drahtesel eine alte Klapperkiste aus germanischer Herstellung, die dem Onkel Eduard gehörte, und wie man es von einem deutschen Vehikel nicht anders erwarten konnte, eignete es sich nicht für französische Künstler. Kaum hatten die Hände des Schangele den Lenker losgelassen, stellte sich das Vorderrad quer. Während das Ross auf der Stelle blieb, wurde der Reiter durch den Schwung kopfüber in den Brunnen katapultiert. Als er sich wie ein begossener Pudel schüttelte, hörte er von der Vorhalle der Kirche her Marguerites schallendes Lachen. Es war eine seiner größten Demütigungen.

Er hob das vermaledeite Gefährt auf und schob es mit hängenden Schultern und gesenktem Kopf zurück in den Schuppen. Er war wütend auf Nicolas, auf die Fahrradindustrie von jenseits des Rheins, auf sich selbst und seine eigene Dummheit. Musste er wirklich solche Faxen machen, wo er doch noch andere Pfeile im Köcher hatte? Zum Glück sind die Kinder da nicht anders als die Erwachsenen. Sie haben ein kurzes Gedächtnis. Er ließ ein paar Tage verstreichen und dachte sich etwas aus, das nichts mit dem Zirkus zu tun hatte, dafür mit dem Theater. Er würde ein Stück schreiben, dessen Helden Marguerite und er waren.

Doch zuvor musste der Kontakt hergestellt werden, den er so dämlich abgelehnt hatte, als Nicolas ihn knüpfen wollte. Dummerweise gab es aber in Lautenbach und Umgebung noch andere Verehrer der Schönheit außer dem Schangele. Da waren der Franzi, der Schangi, der Schorschi, der Lüssi (so wurden die Namen ausgesprochen), dazu die Cousins aus Gebweiler oder Mülhausen, die das, was man damals noch nicht das Wochenende nannte, bei uns in der Familie verbrachten. All diese Kerle warfen den Meyer-Mädchen verliebte Blicke zu. Gott sei Dank fiel ihnen nichts Besseres ein, als sie an den Zöpfen zu ziehen, um ihre Gefühle auszudrücken.

Der Schangele hat eine subtilere Strategie. Er kommt mit Karamellbonbons an und sagt: „*Mesdemoiselles*, gestatten Sie mir, Ihnen dieses Tütchen zu überreichen." Er merkt sofort, dass er bei den beiden Schönheiten mehr durch seine Manieren als durch die Süßigkeiten Eindruck schindet. Wenn man mit weniger als zehn Jahren als Mademoiselle angesprochen wird, benimmt man sich wie eine Dame. Marguerite nimmt das Tütchen mit unendlicher Grazie, verteilt die Bonbons an ihre weiteren Verehrer und sagt: „Die hat euch ein feiner Herr spendiert!" So schmeichelt sie dem Schangele und erteilt gleichzeitig seinen Nebenbuhlern eine Lektion. Sie ist wirklich eine geschickte Person, die einmal die Männer beherrschen wird. Deswegen wird ihr der Schangele die Rolle einer Königin geben. Es war die Rede von einem Theaterstück. Ich will nicht übertreiben. Er will nur spielen, eine Version der „Drei Musketiere" für die Bühne. Gerade hat er begeistert den ersten Band davon gelesen. Papa will ihm den zweiten Band nicht geben; nicht, weil darin Milady bestialisch geköpft wird, was ihm normal erscheint, sondern weil sich d'Artagnan im Bett dieses verruchten Geschöpfes wiederfindet, was einfach nur skandalös ist.

Der Schangele erklärt zunächst die Affäre um die Diamantspangen, welche durch zwei gläserne Karaffenstöpsel dargestellt werden, die er in der Wirtschaft stibitzt hat. Dann verteilt er die Rollen. Marguerite: Anne von Österreich. Lucie: Constance Bonacieux. Milady: die kleine Frida (das ist ärgerlich, denn sie hat eine Knubbelnase und schielt wahnsinnig, was sie in der Rolle der unwiderstehlichen Verführerin kaum glaubhaft macht). Für sich selbst schwankt der Schangele zwischen der Rolle des Buckingham und der von d'Artagnan. Er entscheidet sich für d'Artagnan; so ist er eben, er möchte geliebt, vor allem aber bewundert werden. Für Buckingham käme der Cousin Pauli in Frage, der sich entsprechend geben kann, aber er ist ein berüchtigter Lausebengel, und so einen Wolf hält man besser von den Lämmchen fern.

Buckingham wird also der schöne Gabriel sein, der bestaussehende Messdiener der Pfarrei. Für den Rest der Besetzung, die Musketiere, den Kardinal und den König, gibt es ausreichend Statisten aus der Nachbarschaft.

Ich möchte Ihnen die Schilderung der Vorführung ersparen. Es genügt zu wissen, dass, als die Königin Frankreichs den Herzog von Buckingham in ihren Gemächern, also in der kleinen Glöcknerstube, empfing, der Schangele von wilder Eifersucht gepackt wurde und sich selbst zum Vorwurf machte, solch ein Spiel vorgeschlagen zu haben. Er beruhigte sich erst wieder, als er Gabriel mit den Karaffenstöpseln herauskommen sah. Seine Reue verflog vollends, als die Königin ihn empfing. Er versprach, die Diamantspangen wiederzubringen oder zu sterben. Die Monarchin verhehlte ihm nicht, dass ihr sein Leben unendlich viel wertvoller war als der Schmuck, und der Schangele las im Blick Annes von Österreich, dass man ihn dem Buckingham vorzog.

Es folgte ein bewegender Moment, als der Schangele, der sich wie Schilfgras vor ihr verneigte, ihr Händchen nahm und den keuschesten aller Küsse darauf platzierte, wie er es bei einem anderen Edelmann in einem Film des Eden-Kinos gesehen hatte. Beide liefen puterrot an, doch der Schangele lenkte von der Verwirrung ab, indem er die Musketiere herbeirief und sich mit ihnen auf die Jagd nach den Diamantspangen machte.

Nach einigen blutigen Auseinandersetzungen mit den Leuten des Kardinals überquerten sie die Lauch und trafen auf den Herzog von Buckingham, in dessen Palast in Lautenbach-Zell. Sobald er in Besitz der Diamantspangen war, kehrte d'Artagnan im gestreckten Galopp zurück und ließ die anderen Musketiere hinter sich, so sehr verlieh die Freude seinem Pferd Flügel.

Die Geschichte erreichte im Louvre ihren Höhepunkt, als d'Artagnan Anne von Österreich die Spangen zu Füßen legte und die Königin ihm ihrerseits ihr Händchen zum Kuss darreichte. Doch beinahe hätte der Kardinal das Glück getrübt. Er hatte wohl seine Rolle nicht verstanden und wollte die Diamantspangen zurückholen. Der Schangele musste ihn mit seiner Pistole niederstrecken und für tot erklären. Das bereitete ihm keinerlei Gewissensbisse, ganz im Gegenteil. Er wandte sich zur Königin und sagte: „So wird er Ihrer Majestät nicht mehr auf den Wecker gehen!"

Die wunderbarste Erinnerung an diese Zeit geht auf eine Runde Verstecken zurück. Der Schangele hatte sie den Meyer-Mädchen und den ehemaligen Musketieren vorgeschlagen. Da das Los auf Lucie gefallen war, stellte sie sich an eine Linde, verbarg ihre Nase in der Ellenbeuge und zählte bis dreißig, bevor sie die anderen Versteckten suchte. Während sich die Kinder zerstreuten, ergriff der Schangele mit einer ihn selbst überraschenden Tollkühnheit Marguerites Händchen, fiel fast in Ohnmacht bei deren Berührung, besiegte aber seine Aufregung und zog das Engelchen mit sich in den Keller. So wohl er sich auf dem Dachboden fühlte, diesem Reich des Lichts, so sehr fürchtete er diesen Ort der Finsternis. Doch an jenem Tag erschien ihm der Keller strahlender als die Sonne.

Nun kauern die beiden Kinder aneinandergeschmiegt hinter einem riesigen Fass. Der Schangele hat ihr Händchen nicht losgelassen, er spürt den Engelshauch auf seiner Wange, er befindet sich in einem Zustand höchster Entzückung, hoffend, dass Lucie sie niemals finden möge, dass überhaupt niemand sie jemals wiederfinde ...

Auf diese Kindheitserinnerung habe ich in „Le partage du sang" zurückgegriffen. Die Helden des Romans, Louis und Elsa, sind zwei Kinder. Sie entdecken ihre Liebe füreinander beim Versteckspiel. Als alter Mann beschreibt Louis seinem Enkel diesen Augenblick purer, keuscher, unbefleckter Wonne: „„Du wirst lachen', sagte er zu ihm, ‚du wirst dich vielleicht auch über mich lustig machen, aber wenn ich mir vorstelle, wie das Jesuskind gezeugt wurde, so meine ich, dass irgendetwas Ähnliches zwischen der Jungfrau Maria und dem Heiligen Geist passiert ist.'"

Der Enkel jedoch lacht nicht. Er ist zutiefst berührt von der Reinheit dieser kindlichen Liebe. Ich weiß nicht, ob es Ihnen auch so geht. Wenn Sie allerdings eine ähnliche Kindheitserinnerung im Herzen tragen, schenken Sie ihr ein Lächeln von mir.

6. Fröhliche Plage – Der Wasserträger – Schulschwänzerei – Der Biss ins Ohr – Identitätsprobleme

Zu jener Zeit ging es mir wie Cadet-Rousselle, dem Helden des französischen Volksliedes, der alles dreimal besitzt, denn ich hatte drei Häuser. Ich wohne nicht mehr darin, ich werde niemals mehr in ihnen wohnen, aber sie gehören mir immer noch. Will sagen, ich lebe nicht mehr in ihnen, aber sie leben in mir. Das erste ist das aus Lautenbach. Es ist mir das liebste. Zunächst einmal, weil es mein Geburtshaus ist, und dann, weil es das Haus des lieben Gottes geblieben ist (denn noch immer regiert ein Herrgott darin, mein Cousin André).

Das zweite befindet sich in Audincourt, wohin der Direktor der Firma Jenny meine Mama mitgenommen hat. Audincourt gehört nicht zu den Städten, die auf den Besucher von den Höhen einer Kathedrale oder einer Burg herabschauen: Kein historisches Bauwerk, keine denkmalgeschützten Häuser, keine (oder wenige) Sehenswürdigkeiten für Touristen, aber dennoch gibt es wunderschöne Ecken wie die Place du Temple, wo der Doubs eine der großartigsten Schleifen der französischen Gewässerkunde hinlegt.

Ein merkwürdiger Schlingel, dieser Doubs, man kann nicht behaupten, er liebe Abkürzungen. Ein ernstzunehmender Fluss würde zusehen, die neunzig Kilometer, die die Quelle von der Mündung in die Saône trennen, in aller Eile hinter sich zu bringen. Er braucht dafür 150 Kilometer Zickzackkurs. Wenn man allerdings die Landschaften kennt, die er durchfließt, versteht man, dass er das Vergnügen in die Länge zieht. Ein Komiker oder vielleicht ein Geograf mit klarerem Blick als die anderen beschreibt ihn so: „Doubs, französischer Fluss, der am Mont Risoux entspringt, Saône und Rhône in sich aufnimmt, Besançon, Lyon und Avignon berührt und in das Mittelmeer mündet."

Alle Jahre wieder verließ er sein Bett, um Straßen und Kellern einen Besuch abzustatten. Es war zwar nicht Venedig, aber die Kinder fuhren begeistert per Boot zur Schule oder, was noch schöner war, blieben gleich daheim. Die Anwohner hatten dabei auch ihren Spaß. César Vuillemot etwa stieg in seine Stiefel, um den Damen über die überschwemmten Stellen zu helfen. Er trug sie nicht wie der heilige Christophorus, aber seine Hände wussten, wo man anpacken muss, und wenn die von ihm Getragenen „Oh! Monsieur César!" ausriefen, klang das, als wollten sie eher mehr als weniger. Manchmal, wenn sein Schnurrbart sie am Hals kitzelte, stießen sie kleine Schreie aus und wackelten mit den Beinen, sodass César gezwungen war, sie noch fester an sich zu drücken. Kurzum, das Hochwasser war eine Plage, die alle erfreute außer einige von der Flut Betroffene.

Aber schauen wir uns das Haus an. Es ist viel kleiner als das des Herrgotts: etwa zehn Zimmer, wovon drei mehr oder weniger mit dem Werksarchiv der Firma Jenny belegt sind. Vorne ein kleiner Hof und ein paar Tannen. Hinten eine Fabrik, also ein riesengroßer Spielplatz.

Der Weinkeller ist Papas Stolz und Schwäche zugleich. Er kann dem Geschwafel der Wein- und Spirituosenhändler nicht widerstehen, die ihm Bestellungen von renommierten, aber sündhaft teuren Bordeaux- und Burgunderweinen abtrotzen. Da sie in Fässern geliefert werden, liebt es Papa, sie in Flaschen abzufüllen und diese mit Wachs zu versiegeln. Er liebt es aber auch, die Siegel aufzubrechen, die Korken würdevoll zu ziehen und die Weine mit Kennern zu verkosten. Dabei schaut er euphorisch zum Himmel und benutzt Adjektive wie „körperreich", „kräftig", „warm" und „erhaben".

Zu Papas Freunden zählte auch ein Möbelhändler, der ihm immer seine Ladenhüter andrehte. Daher besaßen wir zwei Esszimmer; eines davon „modern" und von Papa für schön befunden, obwohl es hässlich war, das andere im Pseudo-Stil Henri II, aus dem er sich nicht viel machte, das aber seine Verachtung nicht verdiente.

Zu jener Zeit genossen in Audincourt nur Leute mit einem gewissen Wohlstand die Vorzüge eines eigenen Badezimmers. Die Arbeiter gingen ins öffentliche Bad oder wuschen sich in Zubern in den Waschküchen. Wir waren Privilegierte. Unsere Einrichtungen hatte nichts mit denen gemein, die die Zauberer der Sanitärindustrie heutzutage anbieten. Wir besaßen eine Badewanne mit Löwenfüßen, doch da unser Kessel irreparable Lecks hatte, hatte Papa Roger Faivre, der den Fabrikkessel bediente – ein wahrhaftiger Kessel wie in einem Transatlantikdampfer, mit vielen Laufstegen und Manometern –, ihn hatte er also gefragt, ob es ihm etwas ausmache, das Badewasser hochzubringen. Dieser hatte geantwortet, dass es ihm nicht nur nichts ausmache, sondern sogar Vergnügen bereite.

Jeden Samstag schöpfte also der gute Roger fünf Waschschüsseln voll kochendem Wasser aus seinem Kessel, lief fünfmal damit über den Hof, stieg fünfmal zwei Treppen hoch, von denen eine selbst für einen Mann mit freien Händen gefährlich war, und schüttete es fünfmal in die Wanne, gut genug, die Hinterteile von Pharaonensöhnen zu reinigen. Wenn man ihn mit vollem Eimer das Gesicht verziehen sah, konnten einem Zweifel am Vergnügen kommen, das er angeblich hatte. Eigentlich, das heißt, wenn es kein Wunder gegeben hat, hätte er Dutzende Male stürzen und sich verbrühen müssen. Mich verfolgte lange ein Alptraum, in dem ich den guten Faivre wie einen Hummer in einer riesigen Waschschüssel kochen sah. Ich kann Träume nicht deuten, aber dieser scheint mir der Ausdruck von Gewissensbissen gewesen zu sein.

Wenn er fertig war, schenkte ihm Mama ihr schönstes Lächeln, goss ihm ein Gläschen Wein ein und gab ihm vierzig Sous. Ich will damit nicht mein Gewissen beruhigen, aber ich bin überzeugt davon, dass der gute Faivre das alles nur wegen Mamas Lächeln tat.

Der Speicher bot die gleichen Reize wie der in Lautenbach, auch wenn hier die Engel und der Heilige Geist etwas fehlten. Man machte dort Walnüsse, Haselnüsse, Apfelviertel und Pflaumen trocken. Man machte dort aber auch blau; zumindest der Schangele tat das. Wenn er nicht gelernt hatte, ersparte er sich Vorwürfe und Schimpftiraden, indem er sich da oben mit Büchern der Comtesse de Ségur und von Hector Malot versteckte. Der Pierri, sein kleiner Bruder und großer Komplize, ging dann allein zur Schule und ließ den Pater Hintzy wissen, dass sein großer Bruder eine Magenverstimmung oder Bauchweh oder Fieber habe, schließlich tat ja Abwechslung in den Erklärungen not. Pater Hintzy schätzte den Schangele zu sehr, als dass er auch nur einen Augenblick davon ausgegangen wäre, sein Klassenbester könne ihn so hinters Licht führen. Er nahm die Entschuldigung entgegen und bat den Pierri, seinem großen Bruder gute Besserung zu wünschen. Der Pierri nickte höflich; auf ihn konnte man sich verlassen.

Wenn er bei Schulschluss nach Hause kam, duckte er sich hinter der Tanne weg und pfiff die ersten Takte eines Kinderliedes. Der Schangele hörte das Zeichen und wusste, dass er jetzt heimlich den Speicher verlassen musste, um offiziell heimzukommen. Er brauchte nur noch vorsichtig die Treppe herunterzusteigen, zu seinem Komplizen unter der Tanne zu gehen und gemeinsam mit ihm die anrührende Szene der heimkehrenden Schüler zu spielen. Gekonnt ließ sich der Schangele auf einen Stuhl niedersacken, als wäre er erschöpft vom Unterricht und vom weiten Schulweg.

Papa hatte die Wahl zwischen zwei Schulen für uns: der einen, die sich direkt gegenüber befand, also über die Straße; der anderen, die sich am anderen Ende der Stadt befand und unsere kleinen Füße zu ungefähr sechs Kilometern Weg für zweimal hin und zurück täglich nötigte. Aber er kannte für unsere Füße keine Gnade, auch nicht für unsere Ohren und Hände und für unsere Lungen, die der kalte Winter der Franche-Comté mit Eisfingern, Hautrissen, Schrunden und sogar Lungenstauungen belegte. Ihn kümmerten allein unsere Seelen, die er allen Ernstes bedroht sah in der nächstgelegenen Schule, die laizistisch war, und glaubte, er brächte sie auf den Weg der Tugend in der anderen, die sich frei nannte. Er entschied sich, ohne zu zögern, für die Schule Gottes, die ich zum Teufel wünschte. Mein Los wurde dadurch nicht leichter.

Audincourt hatte nach 1870 viele Elsässer aufgenommen. Sie waren perfekt in die Franche-Comté integriert worden. Nach 1918 waren weitere gekommen, vor allem wegen der dort ansässigen Industrie. Sie waren weniger willkommen. Ein typischer Dialog aus jener Zeit:

„Was halten Sie denn von den Elsässern, Madame Dupont?"

„Sie sind ja ganz nett, Madame Lajoie. Nur schade, dass sie so wenig französisch sind. Wenn ich sie miteinander Deutsch reden höre, könnte ich mich aufregen!"

„Ich mich auch, Madame Dupont. Wenn man bedenkt, dass Millionen unserer Jungen für ihre Befreiung gefallen sind, und sie weiter wie *Boches* sprechen ..."

Solcherlei Reden machten den Schangele ziemlich traurig und ratlos. Die Elsässer waren nicht nur wahre Patrioten, Papa hielt sie sogar für französischer als die Bürger von Audincourt selbst, und das seit viel längerer Zeit, nämlich schon seit 1648, während die Francs-Comtois es erst seit 1793 waren und offiziell gar erst seit dem Frieden von Lunéville 1801, was folgende Gleichung ergab: 1801 minus 1648 gleich 153 Jahre zugunsten der Elsässer. Und das, selbst wenn man die 47 Jahre der deutschen Annexion abzog – aber das war nicht gerecht, die Elsässer hatten wie am Spieß geschrien, um nicht wie Vieh ausgeliefert zu werden; Schuld waren die Unfähigkeit Napoleons III., der Verrat Bazaines und die feige und hinterhältige Zustimmung Adolphe Thiers', die sie dem Feind überlassen hatten –, selbst wenn man diese 47 Jahre abzog, blieb noch eine Differenz von 106 Jahren, ist doch klar, oder? Und was ihr bescheidenes Französisch anging oder sogar gänzlich fehlende Kenntnisse der Landessprache, so hätte man sie eher bedauern als rügen müssen, denn hätte sich Frankreich Elsass-Lothringen nicht wegnehmen lassen, hätten sie Französisch gelernt und würden es so gut sprechen wie die Leute in Audincourt (Rechnungen und Kommentare von Papa).

All dies wusste der Schangele nur zu gut. Dennoch vermied er es, vor seinen Freunden in der Franche-Comté „Stroh zu häckseln"[8]; er tat es nur zu Hause. Wurde er auf der Straße von einem Elsässer angesprochen, antwortete er nur auf Französisch; er hatte das Gefühl, dass ihn die Muttersprache abwertete, ihn herabsetzte, ja, ihn ein wenig zum *Boche* machte. Kurzum, der kleine Herrgott wollte nicht für eine Wildente gehalten werden, für eine deutsche Ente also ... Einmal wurde er von einem gehässigen Schwachkopf, der glaubte, ihn mit diesem schwerwiegenden Schimpfwort plattzumachen, *Boche* gerufen. Er prügelte diesem das Wort dermaßen in den Mund zurück, dass es von dort nie wieder zu hören war.

Da fällt mir noch etwas ein, das dieser Erinnerung ähnelt. Wir sind im Elsass. Tante Marguerite, die in Gebweiler wohnte und einen Pfirsichbaum besaß und die auch wusste, wie sehr ich Pfirsiche mochte, hatte mich während eines unserer Aufenthalte im Florival zum Pflücken eingeladen. Mama stattete mich mit meinem Trikoloreanzug aus –, blaue kurze Hose, weißes Kurzarmhemd, rote Krawatte – ich nahm den Zug nach Gebweiler, und als ich in die Isenheimer Straße einbog und davon träumte, Texas zu durchqueren, sah ich fünfzig Schritte vor mir drei Indianer meines Alters, die auf mich warteten. Waren sie friedlich gestimmt? Hatten sie kriegerische Absichten? Würden sie mit Pfeilen auf mich schießen oder mich in ihren Wigwam einladen? Es waren Pfeile, die dann flogen. Zunächst nur Wortpfeile: „Lueg do, 's welsche Dockele! Schau mal, der kleine französische Spinner. Was treibst du in unseren Jagdgründen, du Idiot?"

Wenn ich angeben wollte, würde ich dem Schangele etwas wie „Das trifft sich gut, ich brauche gerade drei Skalps" in den Mund schieben. Aber er sagte nichts, versuchte ruhig zu bleiben und ging weiter. Da fielen die Indianer über ihn her, er bekam Schläge ab, teilte auch welche aus, aber was sollte er gegen drei ausrichten? Einer der Angreifer hatte schöne

---

[8] Deutsch reden hieß in der Franche-Comté damals umgangssprachlich „hachepailler", Stroh häckseln.

rote Ohren. Es fiel ihm ein, er könne sie ihm abbeißen. Er schlug seine Reißzähne in eines davon. Der Gebissene schrie so herzzerreißend, dass die beiden anderen, wohl irritiert an irgendeine Geheimwaffe glaubend, ihn sofort losließen, was der Schangele dazu nutzte, so schnell wie möglich, aber siegreich das Schlachtfeld zu verlassen.

Vielleicht gibt es in Gebweiler einen Mittsechziger, der eine Narbe am Ohr hat. Wenn sie von einem in der Kindheit erhaltenen Biss herrührte und er sich meldete, würde ich ihm gerne den Kelch der Versöhnung anbieten.

Boche in Audincourt, kleiner französischer Spinner in Gebweiler – der Schangele hatte, wie man sehen kann, ernsthafte Identitätsprobleme.

Mama erduldete ähnliche Qualen. Sie litt allerdings im Stillen. In Gesprächen mit Elsässern zeigte sie unendlich viel Feinsinn und Humor. Aber auf Französisch, wo ihr die Worte fehlten, zu sagen, was sie dachte, oder ihren Gefühlen freien Lauf zu lassen, blieb sie meistens stumm. Außer wenn sie in ein Fettnäpfchen trat.

Mein Vater war stolz auf seine Gattin und ganz besonders auf ihre Kochkünste. So lud er gerne seine Freunde, Kleinbürger wie er, zu einem von meiner Mutter zubereiteten Elsässer Sauerkraut, einem Meisterwerk seiner Art. Die Männer sprachen über den kürzlichen oder bevorstehenden Sturz der Regierung (da war immer eine, die stürzte oder kurz vor dem Sturz stand), und die Frauen wollten von Mama wissen, was sie denn vom neuesten Roman von Claude Farrère hielt.

Nun genügte es allerdings, die Elsässerin Französisch radebrechen zu hören, um zu verstehen, dass selbst die leichte Prosa des Monsieur Farrère ihre Möglichkeiten überstieg und dass das letzte Werk des Meisters sie ebenso kalt ließ wie das vorherige. Papa kam ihr zu Hilfe und erklärte, dass sie im annektierten Elsass aufgewachsen und deswegen auf die deutsche Schule gegangen war. Eine Dame, die es bis zur Universität geschafft hatte, erkundigte sich eines Abends nach Mamas Schulabschluss. Sie antwortete voller Stolz und mit Elsässer Färbung: „Matame, ich war nicht auf der Universität, ich war auf der Haushaltsschule, dort habe ich gelernt, wie man gutes Sauerkraut macht." Womit sie ihr unterschwellig sagte: Bei Claude Farrère würdest du bestimmt kein solches bekommen, du eingebildete Pute!

Zu den Komplexen, für die der Dialekt sorgte, kamen die Probleme, die mir die Schule bereitete. Wenn ich mich recht erinnere, und stark vereinfachend gesagt, war Audincourt damals in zwei Clans gespalten, oder sagen wir in zwei Milieus. Das katholische Milieu kreiste um das Eisenwerk und war im gleichnamigen Viertel angesiedelt. Die „Compagnie des Forges", ein bedeutendes und herrschaftlich angehauchtes Unternehmen, hatte Aktionäre, deren Vermögen so groß war wie ihre Frömmigkeit. Sie boten den Familien nicht nur Kost und Logis, sondern ließen den Kindern ihrer Arbeiter auch christliche Bildung angedeihen. Deshalb finanzierten sie auch die Privatschule, in der der Pierri und ich die mehr oder weniger süße Milch des katholischen Unterrichts schlürften.

Das protestantische Milieu war im „Dorf" verwurzelt, das man heute Stadtzentrum nennt. Einfache Familien wie die der mit mir befreundeten Bohins oder begüterte Familien wie die Japys oder Peugeots, deren große und schöne Anwesen an den Ufern des Doubs wie Loire-Schlösser wirkten, sie alle zählten zu mehreren Vierteln des Adels von Audincourt. Ihr Pastor, Monsieur Vurpillot, war ein überaus sanfter und unendlich feiner Mensch. Leider hinderte mich seine Religionszugehörigkeit daran, ihn uneinge-schränkt zu verehren.

Selbstverständlich schickten die Protestanten ihre Kinder in die laizis-tische Gemeindeschule, also in die Dorfschule. Die beiden Gemeinden lebten in gutem Einvernehmen. Zwischen ihnen herrschte kein Krieg, aber es gab zwischen den Schülern einige schöne Scharmützel. Das ging mit dem Abfeuern von Schimpfworttiraden los – Dorftrottel, dreckige Stinktie-re, Grobschmiede, Dreckschweine –, dann griff man zu ernsteren Geschos-sen, die je nach Jahreszeit variierten: Schneebälle, Rosskastanien, Fall-obst. Schließlich wechselte man zum Kampf Mann gegen Mann, der so lange andauerte, bis es genug blaue Augen, blutende Nasen und ausgeris-sene Haare gab, um die Feindseligkeiten zu beenden.

Als Eisenwerkler war der Schangele, der ja schon als Elsässer leidlich ausgegrenzt war, wie man heute sagt, den Dörflern natürlich suspekt. Weil er aber im „Dorf" wohnte, wurde er von den Eisenwerklern nicht für ganz voll genommen. Da sein Vater ihn mit religiöser Unterweisung vollstopfte, um nicht zu sagen mit Theologie, war er der Primus im Katechismus. Aber als Messdiener durfte er nur untergeordnete Dienste verrichten. Es gab nämlich eine Hierarchie unter den Ministranten: Die Nummer eins war der Zeremonienmeister, die Nummer zwei trug das Weihrauchfass, die Num-mer drei das Weihrauchschiffchen, die Nummern vier und fünf hielten Kerzen und waren nur Statisten. Und da die Eisenwerkler alle Hauptrollen beanspruchten, war der Schangele immer nur die Nummer fünf, und da er nicht ohne Grund annahm, das Tragen der Kerze ließe ihn wie einen Voll-idioten aussehen, besonders in den Augen von Janine, Yvette, Muguette und anderen Mädchen, die er liebte, bedachte er die ganze Messe über insgeheim das Schiffchen, das Weihrauchfass, den Zeremonienmeister und sogar den Pfarrer mit stillen Verwünschungen. (Ich weiß, ich habe zuvor geschrieben, dass der Schangele monogam war. Naja, es kam halt darauf an.)

Wie man sieht, hatte er Freunde in beiden Lagern. In der Schule beim Eisenwerk, wo die Einwandererkinder zahlreich waren, suchte der Franzose aus dem Elsass aufgrund der obskuren Solidarität der Außenseiter die Gesellschaft der kleinen Italiener oder Polen. War es die Armut? War es mangelnde Sauberkeit? Viele unter ihnen hatten eine graue Haut, sahen kränklich aus und hatten Läuse in den Haaren. Ich erinnere mich an drei kleine Brüder, an deren Nase stets derselbe große Tropfen hing, den sie schniefend hochzogen und der sofort wiederkehrte.

Ich denke auch an die Großzügigkeit des kleinen Wysminski zurück, der von den Ufern der Weichsel kam und quasi weiße Haare hatte. Der Kaugummi hatte kurz zuvor auf dem französischen Markt Einzug gehalten, und Wysminski verbrauchte Unmengen davon. Er kaute mehrere Riegel auf einmal, um sie in seinem Mund zu großen Klumpen zu verarbeiten, die so groß wie Taubeneier waren. Ich hatte dieses seltsame Produkt noch nie zuvor ausprobiert. Es machte mich zwar nicht hungrig, aber neugierig. Wysminski fragte mich, ob ich davon wollte. Ich nickte und dachte, er würde mir einen Riegel oder eine Kugel geben. Doch er steckte Daumen und Zeigefinger in den Mund, zog das Gummi aus den Backenzähnen und reichte es mir speicheltriefend. Sein Blick drückte eine solche Großzügigkeit aus, ein so großes Bedürfnis, seinem Klassenkameraden einen Gefallen zu tun, dass der Schangele sich nicht traute, das Geschenk abzulehnen. Gerettet wurde er von einem Würgeanfall, der den Klumpen auf das Pult von Lehrer Hintzy schleuderte. Naja, gerettet hin oder her, denn ein gellendes „Wer war das?" ließ uns erschaudern und die Eingeweide des Schangele erbeben.

Er hätte gerne den Arm gehoben, aber dieser wog tonnenschwer, und die feurigen Blicke von Lehrer Hintzy trugen auch nicht dazu bei, ihn aus seiner Lähmung zu holen. Wutentbrannt drohte die Stimme des Schulmeisters erneut: „Wenn das Schwein, das das gemacht hat, sich nicht augenblicklich meldet, muss die ganze Klasse daran glauben!" Kurz, es roch nach Geiselnahme oder gar nach Massenerschießung, und der Arm des Schangele wurde schwerer und schwerer. Da reckte Wysminski den seinen in die Höhe ...

Es wurde mucksmäuschenstill. Der Blick von Lehrer Hintzy warf weiterhin Flammen: „Komm hierher", sagte er mit schneidender Stimme.

Wysminski trottete der Folter entgegen, die Hände auf dem Rücken. Tief in mir drin fand ich das, was ich hätte ausrufen sollen: „Nicht er war's, Monsieur, ich war's!" Aber mein Rachen war so gelähmt wie mein Arm. Wysminski blieb vor dem Podest stehen, erhobenen Hauptes und den Blick auf seinen Henker gerichtet. Hintzy fiel über ihn her. Er schäumte vor Rage: „Wirst du wohl den Kopf senken! Wirst du den Kopf senken!" Aber das war etwas, das Wysminski offensichtlich nicht konnte. Er tat es also nicht.

Der erste Schlag kam und hätte ihn zu Boden schleudern müssen, aber er blieb aufrecht stehen, kerzengerade. Der zweite hatte denselben Erfolg. Also griff Hintzy auf seine liebste Foltermethode zurück. Wysminski musste die Hände ausstrecken. Der Folterer ergriff ein Metalllineal, und die Schläge prasselten auf die Finger nieder. Normalerweise schrien die Opfer solcher Qualen erbärmlich und zogen die Hände nach jedem Schlag zurück. Wysminski biss die Zähne zusammen, ließ keinen Laut vernehmen und hielt die Finger heldenhaft ausgestreckt.

Der Schangele wiederum verspürte die Schläge, die sein Kamerad erhielt, so stark, dass er reflexartig die Hände unter die Achseln steckte. Gerne hätte er sich auch auf seinem Gewissen niedergelassen, aber die Gewissensbisse saßen wie Stacheln darauf und hätten ihm den Hintern zermartert. Es bezichtigte ihn so vehement der Feigheit und der Niedertracht, dass er sich endlich dazu aufraffte, Wysminski zu Hilfe zu eilen ... Zu spät! Die Willensstärke des kleinen Polen hatte Hintzy überwunden, der sein Lineal zurückgelegt und sein Opfer zurück an dessen Platz geschickt hatte.

Als er mit puterrotem Gesicht und lila Fingern bei dem Schangele vorbeikam, lächelte Wysminski ihm so innig und freundschaftlich zu, dass jenem endgültig übel wurde. Dann setzte er sich wieder neben den Schangele. Er nahm seine Hand, drückte sie brüderlich mit seinen zermarterten Fingern und gab ihm dadurch zu verstehen, dass er sein Freund blieb.

Der Schangele war so gerührt von der edlen Art seines Kameraden, dass er seinem Vater die Geschichte erzählen musste, wobei er die für ihn unangenehmen Einzelheiten wegließ. „Die Polen sind ein stolzes und mutiges Volk", meinte Papa, „dein Onkel Fuchs kennt sie gut." Mama glaubte, ergänzen zu müssen, dass dieser vor allem die Polinnen kannte, worauf sie von Papa zurechtgewiesen wurde: „Na, na, Babette, nicht vor dem Kleinen!"

Allerdings war der Kleine durchaus im Bilde. Zu oft hatte er den Onkel Fuchs in die Wirtshäuser des Florival begleitet, um seine Großtaten nicht zu kennen. Der Onkel, der in Polen gekämpft hatte, ließ wunderbare Dinge vernehmen. Er langweilte seine Zuhörerschaft nicht mit blutigen Schilderungen, sondern erzählte köstliche Erinnerungen; jene, die ihm sein Aufenthalt im Lazarett beschert hatte, wo er von Damen des polnischen Adels gepflegt worden war, insbesondere von der Gräfin Bozena aus der Woiwodschaft Krakau (der Schangele hatte sich die Adresse gemerkt), die das schönste Hinterteil Europas und vielleicht der Welt besaß, ein Hinterteil, von dem der Onkel Fuchs behauptete, es habe die Festigkeit des Marmors, das Leuchten der Rose und die Sanftheit der Seide ... Wenn ich für Polen heute eine zärtliche Bewunderung hege, kommt das daher, dass mir Wysminski dessen Edelmut eröffnet hat und Onkel Fuchs dessen Schönhei- ten.

Körperliche Züchtigungen nahmen eine nicht zu unterschätzende Stellung in der Pädagogik des Lehrers Hintzy ein. Neben ausgeklügelten Quälereien teilte er spektakuläre Prügelstrafen aus, deren regelmäßiger Empfänger der Maurice Bouveresse war. Er jedoch spielte nicht den ehernen Helden. Er wälzte sich auf dem Boden, schrie wie am Spieß und jaulte so mörderisch, dass der Folterknecht aufgab. Wenn er wieder aufstand, ging das Theater weiter, und er mimte heftige Schmerzen und beunruhigende Symptome, wie sie von Mehrfachbrüchen, Milzrissen, inneren Blutungen oder von Gehirnerschütterungen hervorgerufen werden. Wenn seine Nummer vorüber war, blinzelte der bewundernswerte Clown uns zu, womit er „War ich gut?" fragen wollte. Klar war er es gewesen! So gut, dass wir bedauerten, ihm nicht applaudieren zu können.

Unter dem rauen Mantel des Raubtierbändigers hielt Lehrer Hintzy eine empfindsame Seele verborgen. Als seine Frau krank wurde, spannte er uns ein, ihre Heilung zu erbeten. So kam es, dass jeden Morgen und jeden Abend fünfzig Kinderseelen das übliche Gebet um drei „Vaterunser" und drei „Gegrüßet seist du, Maria" erweiterten. Wir wollten nicht, dass sie stürbe, aber wir wünschten auch nicht, dass sie geheilt werde. Ihre Krankheit machte ihren Mann nachsichtiger und ließ ihn mehrmals am Tag die Klasse verlassen, damit er sie pflegen konnte. Sie kennen sicherlich den Freiheitsrausch, von dem eine Klasse ohne Lehrer erfasst wird. Während einer Schmiere stand, machten die Witzbolde den Kasper, kritzelten die Unflätigen die Tafel mit Fäkalsprüchen voll und malten die Verdorbenen dort Pimmelchen hin, die mehr an einen Wasserhahn als an einen Phallus erinnerten.

Wenn der Meister am Horizont auftauchte, pfiff der Schmieresteher auf den Fingern. Wir stürzten uns auf die Schwämme, wischten die Schweinereien weg, sprangen wieder auf unsere Plätze und setzten Mienen der Besorgnis um Madame Hintzys Krankheit auf.

Wir beteten auch für die Aktionäre der „Compagnie des Forges". Ob sich einer von ihnen eine doppelte Lungenentzündung zuzog oder an Darmverschluss litt, immer legten wir reinen Herzens ein gutes Wort für ihn ein. Im Übrigen wunderten wir uns, dass so wichtige Leute überhaupt unserer bescheidenen Hilfe bedurften. Wenn man hörte, wie untertänig von ihnen gesprochen wurde – Monsieur Joessel, Generaldirektor, Monsieur Nickly, Direktor, und Monsieur Vienne, Chefingenieur –, sah man nicht recht ein, wo der Unterschied zwischen ihrer Dreifaltigkeit und der von Gott Vater, Gott Sohn und dem Heiligen Geist sein sollte.

Eines Tages begannen wir, für den kleinen Pons zu beten. Er war ein schüchterner Junge, den seit Kurzem eine Krankheit in ihren Fängen hielt, deren Name – Meningitis – schon Angst machte. Uns wurde erzählt, dass der Herrgott ihn liebte, dass er ihm vielleicht seine Engel schicken würde, um ihn ins Paradies zu führen, und dass viel gebetet werden musste, damit er bei uns bleiben konnte.

Der Schangele versuchte erst gar nicht, diesen Widerspruch zu verstehen, aber er spürte tief in sich drin, dass Gott und die Kinder vom Eisenwerk nicht mit den gleichen Waffen kämpften … Jeden Morgen berichtete der Vater des Jungen, wie es ihm ging. Er sprach mit gedämpfter Stimme, aber in der Totenstille, die sich über den Klassensaal legte, hörten wir alles. „Er leidet, wenn Sie wüssten, wie er leidet!", schluchzte der Unglückliche. Lehrer Hintzy drückte ihm die Hände: „Wir beten gut für ihn!" Pons bedankte sich und ging, vom Schmerz gebeugt.

Hintzy ließ uns niederknien, und wir begannen so eindringlich zu beten, als wollten wir Gott beschwören. Der Schangele war zweifellos einer der eifrigsten Bittsteller, aber er fragte sich, wie seine Rufe den Herrgott erreichen sollten, wenn er schon die Schreie des kleinen Pons nicht hörte.

Gott hatte Erbarmen mit dem Märtyrerkind. Eines Morgens kam Monsieur Pons mit schwarzem Anzug und schwarzem Hut. Wir begriffen, dass unser kleiner Kamerad im Himmel war. Jedenfalls wollte der Schangele lieber daran glauben, als daran zweifeln zu müssen.

Die Schüler sammelten Geld für ein Blumengebinde für den kleinen Pons. Der Schangele wurde zusammen mit zwei Klassenkameraden dazu bestimmt, es zu überbringen. Sie wurden zum Totenbett des Kindes geführt. Die Schmerzen hatten das kleine Antlitz zerfurcht. Die geschlossenen Augen verliehen ihm etwas Unwirkliches. Der kleine Pons war diesem winzigen Körper offensichtlich entronnen. Wo sonst als im Himmel sollte seine Seele sich denn befinden? Tatsächlich starben Kinder damals häufiger als heutzutage. Auf dem Friedhof reihte sich Kindergrab an Kindergrab, und mit ihren weißen Umzäunungen wirkten sie wie Wiegen. Auf den Kreuzen, die ebenfalls weiß waren, konnte man die in Medaillons gefassten Fotografien der Verstorbenen sehen. Die einen lächelten engelsgleich. Die anderen schauten ins Unbekannte.

8. Schutzengel – Die Eroberung des Wilden Westens – Die Sansculottin – Verwirrende Nacktheit – Wissenschaftliche Forschung – Blutige Geschichten

Der Schangele hatte wenig Angst vor dem Tod. Papa hatte ihm beigebracht, und der Katechismus nach ihm, dass alle Menschen einen Schutzengel hatten, vor allem Kinder, die schwächer und gefährdeter sind als Erwachsene. Er hatte ihn zunächst von der Existenz der Himmelsgeister überzeugt, indem er ihm das Gesetz der Rangordnung der Wesen erläuterte: Mineralien, Pflanzen Tiere, der Mensch ... „Und wer kommt nach dem Menschen, Schangele?", wollte Papa wissen. Der Schangele gab zur Antwort: „Gott, Papa, Gott!" Papa belehrte ihn eines Besseren: Zwischen Mensch und Gott gab es Mittelwesen, reine Geister, die man Engel nannte. Ohne sie wäre eine Stufe der Rangordnung leer geblieben.

Unter den Engeln, deren es Unmengen gab, waren einige speziell zum Schutz der Menschen abgestellt.

„Ich habe also meinen eigenen Engel, Papa?", fragte der Schangele.

„Ja, du hast einen Schutzengel, Schangele."

„Und wo ist der, Papa?"

„Neben dir, Schangele."

„Und was macht er, Papa?"

„Er passt auf, dass dir nichts passiert, und vor allem, dass du keine Sünden begehst."

„Und er folgt mir überall hin?"

„Er geht überall mit."

„Sogar aufs Klo?"

„Rede keinen Unsinn, Schangele."

„Vielleicht bleibt er vor der Tür?"

„So ist's, er bleibt draußen vor der Tür."

Es ist klar, dass der fragliche Engel eher ein Seelenwächter ist als ein Leibwächter. Er hat nichts gemein mit den Gorillas des Heiligen Vaters und der Staatschefs. Der des Schangele war wohl selten arbeitslos. Besonders aktiv war er an Sonntagen, wenn die Fabrik geschlossen war und Papa sie seinen Buben überließ, die wiederum alle Freibeuter des Viertels hereinließen.

Es war aber auch wirklich ein grandioser Spielplatz. Die Hauptattraktion bestand aus einem halben Dutzend Kipploren, die sich auf rund fünfhundert Meter Gleise mit Weichen, Drehscheiben und anderem Zubehör verteilten. Man brauchte praktisch keinerlei weitere Fantasie aufzubringen, um in diesem Ensemble das Schienennetz der Union Pacific zu erkennen, das inmitten der amerikanischen Landschaft lag. Damit meine ich, dass die Schienen einen Wasserlauf (den Rio Grande) überquerten, entlang von Kohlen- und Sandhaufen (den Rocky Mountains) verliefen und in mehreren Werkstätten verschwanden, die zu prächtigen Tunnels wurden. Die Fabrik verfügte auch über einige Karren, die auf nichts anderes warteten, als zu Kutschen zu werden. Um es kurz zu sagen: Zusammen mit einem halben Dutzend Banditen, einer Saloontänzerin, dem Sheriff Schangele und dem Hilfssheriff Pierri waren alle Voraussetzungen für einen guten Western gegeben.

Andere Kinder, die davon Wind bekommen hatten, wurden vom Schangele als Statisten beschäftigt und als Indianer auf den Felswänden, also auf den Dächern, aufgestellt. Der einzige Bestandteil, der auf reine Fantasie zurückging, waren die Pferde. Aber unsere Art zu galoppieren und das „Klipp, klapp!“, mit dem wir unsere Ritte begleiteten, ließen keinerlei Zweifel an der Qualität unserer Vollblüter.

Ich sprach von einer Saloontänzerin. Das war eine kleine Wilde jugoslawischen Ursprungs, die sich nur in der Gesellschaft von Jungen wohlfühlte. Leider mangelte es bei ihr an Hygiene, und die einzigen, die ihr wohl ab und zu den Kopf wuschen, waren ihre mehr oder weniger trinkfesten Eltern. Die Schulbildung war nicht ihre Hauptsorge, und ihre Mutter ließ sie mit einem Lumpenrock und ohne Unterwäsche weggehen. Deswegen nannten wir sie die Sansculottin.[9]

Man kann sich vorstellen, dass diese Besonderheit uns nicht auf edle Gedanken kommen ließ. Nach den Überfällen auf Kutschen oder Züge gingen wir mit ihr in den zum Saloon erhobenen Schuppen und baten sie, uns ihren kleinen Schatz zu zeigen. Wir wussten natürlich, dass sie dazu nur für Geld bereit war, und alle, die bei der Vorführung dabei sein wollten, machten ihre zehn Sous locker.

Sie war keine vollendete Stripteasetänzerin und begnügte sich damit, auf einen Schemel zu klettern und ihren Rock bis zum Bauchnabel hoch-

---

[9] Sans culotte = ohne Unterhose; Anspielung auf die Sansculotten der Französischen Revolution, die zwar nicht ohne Unterhosen, dafür aber ohne Kniebundhosen auftraten und sich durch ihren langen Hosen von den reichen Adligen unterschieden.

zuziehen. Dann kam ein kleiner unscheinbarer Schlitz zum Vorschein, und der Vorhang fiel wieder. Die Enttäuschung war groß, und jeder von uns bereute seine zehn Sous. Dem Schangele fiel sein Schutzengel wieder ein; er fragte sich, ob das Juwel der Sansculottin dessen Schamgefühl verletzt hatte oder ob er es wie er selbst belanglos gefunden hatte. Wie dem auch sei, die Enttäuschung war schnell vergessen, und unsere Knilche trieb das Geheimnis der Weiblichkeit dermaßen um, dass sie bei jeder neuen Gelegenheit bereitwillig ihre zehn Sous hinlegten.

Der Schangele setzte seine Recherchen mit anderen Mitteln fort. Er ließ sich von seinem Papa die dicken Bände des Grand Larousse Encyclopédique geben, tat so, als interessiere er sich für die großen Farbtafeln – Säugetiere, Vögel, Schmetterlinge, Uniformen, Flaggen und andere Illustrationen –, und ließ seinen Blick auf die Tafeln über Malerei gleiten, wo überaus ansehnliche Damen ihre Möpse, ihren Hintern und alles andere zeigten. Es gab da mehrere Ledas, die mit den Schwänen spielten, Schwäne, die sich auf sie legten, als ob sie ihnen Kinder machten. Da waren auch drei keusche Susannas, die vor bärtigen alten Männern ihr Bad nahmen – garantiert hatten die mehr als zehn Sous bezahlt. Es gab außerdem eine ganze Seite voll Darstellungen der Venus, die ihr Schmuckstück in den einen mit ihren Haaren bedeckte, während sie in anderen ihre Hand davorhielt; man hätte sie zu gerne beiseitegeschoben, um zu sehen, was da verborgen war. Da war eine Olympia, bei der war es genauso, ihre Hand lag wie eine Muschelschale auf ihrem Unterleib, es gab dann noch eine, die Phryne hieß und der man ihr Gewand vor dem Areopag auszog; das Wort Areopag erinnerte stark ans Fliegen, da die Typen, die sie begafften, im Himmel zu sein schienen. Eines Tages erwischte mich Papa, als ich gerade die Odalisken betrachtete, wovon es drei gab, zwei, deren Maler Ingres hieß, und eine von einem gewissen Delacroix. Zum Glück befand sich direkt unter der Odaliske von Delacroix ein *Christus am Ölberg* desselben Malers. Als Papa gefragt hatte, was er betrachte, hatte der Schangele den Zeigefinger auf den Erlöser gelegt und die Szene kommentiert: „Das war, als die Apostel schnarchten wie ein Sägewerk und der gute Jesus keine Lust hatte, den Kelch zu trinken." Papa ließ sich nichts vormachen, er hatte natürlich die Odalisken gesehen, sogar diese schweinische Olympia, die auf derselben Seite war, doch er wollte nicht Delacroix, Ingres, Manet und die anderen verbieten; er wollte seinem Sohn auf keinen Fall

die edlen Gefühle vorenthalten, die ihm die Meisterwerke der Kunst bereiteten. Er sagte nur: „Schön, schön, sehr schön! Ich hoffe, dass du es den
Aposteln nicht nachmachst, dass du nicht einschläfst, wenn der Herr dich
einst brauchen wird."

Der Schangele beruhigte seinen Vater und ging seinen Nachforschun-
gen auf anderen Wegen nach. Wir hatten eine Nachbarin, die das bevor-
stehende Ende ihrer Schwangerschaft wie eine Trophäe vor sich hertrug
und Tag für Tag auf ihre baldige Niederkunft hinwies. Das Wort Niederkunft ließ den Schangele nicht los, der wieder im Larousse Encyclopédique nachschlug, dieses Mal aber im Geiste der Wissenschaft. So erfuhr
er unter anderem, dass die Niederkunft auf das Zusammenziehen der Gebärmutter zurückzuführen sei. Da er dieser Angabe nachging, erfuhr er des
Weiteren, dass die Gebärmutter in die Vagina mündete. Nun merkte er,
dass er dem Ziel ganz nahe war, ging Begriff für Begriff der Sache nach
und drang wie Pascal, der mit zwölf Jahren allein die zweiunddreißig Pro-
positionen des Euklid entdeckte, ebenfalls allein in die Geheimnisse der
weiblichen Geschlechtsteile vor. Wie meine Kritiker sicher sagen werden:
Man ist eben nur der Pascal, zu dem man taugt.

Natürlich hatte der Schangele auch anderen Lesestoff. War der nun
anständiger oder perverser? Entscheiden Sie selbst. Er blätterte stundenlang im „Album des Großen Krieges", herausgegeben vom Magazin „L'il-
lustration". Ein Album aus zwei gewaltigen Bänden, das sich nur auf dem
Tisch im Esszimmer ganz aufschlagen ließ. Die ersten Seiten des Werkes
zeigten prächtige Fotos der Sieger, also der Marschälle Joffre, Foch, Pétain
und anderer hochdekorierter Helden, die es vorstellten, beweihräucherten,
verherrlichten und wärmstens zum Kauf empfahlen.

Der Schangele musste später erfahren, dass diese glänzenden Figuren
oft nur von Geltungssucht getriebene Dummköpfe waren, unter deren Kom-
mando tausende Männer zermalmt wurden wie Körner im Mahlstein oder
Trauben in der Kelter. Damals aber verehrte er sie noch, und als der er-
lauchteste unter ihnen, der Marschall Foch, in seinem Bett gestorben war,
hatte ihn sowohl Trauer als auch Stolz erfüllt, denn man rückte den Marschall in die Nähe Napoleons; Frankreich konnte sich glücklich schätzen,
es besaß die größten Feldherren aller Zeiten.

Das Album begann mit den letzten Friedenstagen. Man sah den Erzherzog Franz-Ferdinand mit seinem Schnurrbart und seiner morganatischen

Gemahlin in seine schöne Kutsche steigen. „Papa, was ist denn morgana-
tisch?" Papa erklärte, dass die Gemahlin des Erzherzogs nicht von königli-
chem Blut war, aber ob königliches oder gewöhnliches Blut, wenn einem
eine Kugel die Haut durchlöcherte, floss es, so oder so. Das war dem Erzherzog und seiner Frau in Sarajewo passiert, und dasselbe sollte zehn
Millionen weiteren Männern passieren. „Ja", sagte Papa in einem Merk-
satz, den er gerne zitierte, „die beiden Schüsse in Sarajewo haben zehn
Millionen Männer getötet."

Die folgenden Bilder zeigten das Begräbnis des Paares. Als oberster
Befehlshaber des Heeres hatte der Erzherzog zwar Anspruch auf militärische Ehren, doch da man diese seiner Frau nicht zuteilwerden lassen
konnte, aus den oben genannten Gründen des unterschiedlichen Blutes,
wovon kein Tropfen mehr in den Leichnamen verblieb, musste auch er
darauf verzichten.

Dann kamen die Fotos der Stars: der Zar, der König von England, der
der Belgier, sowie Poincaré für die Seite der Gerechten, der deutsche Kaiser und der alte Franz-Josef für die der Bösewichte. Nun folgten die Statisten, also die Hauptdarsteller, die voller Freude nach Berlin wollten, von
denen der Schangele jedoch wusste, dass sie auf den nachfolgenden Seiten
wieder zu sehen waren, von kleinen roten Löchern durchsiebt auf den
Kornfeldern umherliegend.

Einige Bilder waren noch ergreifender als andere, etwa das des Bür-
germeisters von Senlis, der Monsieur Odent hieß und der neben seinem
Grab stand, das die Deutschen vor seinen Augen ausgehoben hatten, bevor
sie ihn erschossen. Auch das eines französischen Schäfers, der unter Verdacht stand, Informationen an die Deutschen weitergegeben zu haben. Der
Bildtext ließ wissen, dass die Aufstellung seiner Herde, die Anzahl der
Schafe und die Farbe ihres Fells eine bestimmte Bedeutung für den Feind
hatten. Deswegen hatte man ihn an Ort und Stelle erschossen. Man sah ihn
zusammengesackt am Pfosten hängen, mit zerfetzten Kleidern und hängendem Kopf. Über dem Körper hing ein Schild mit den von einem Künstler
aufgemalten Worten „Spion, Landesverräter". So sehr er auch ein Verräter
war, den Schangele erinnerte er an den Gekreuzigten. Und sein Vater miss-
traute vorschnellen Urteilen ohnehin. Im Internat in Reims, wo er noch mit
elsässischem Akzent sprach, hatten ihn seine Mitschüler zu oft einen Spion
Bismarcks genannt, sodass ihm dieses Wort zu Herzen ging. Doch es floss

schon zu viel Blut, als dass man sich mit solchen Nebensächlichkeiten aufgehalten hätte.

Es floss in Strömen, aber es floss munter und fröhlich. Die Taktik unseres Generalstabs setzte auf die Psychologie der französischen Nation und auf den natürlichen Drang des Landsers, des ungestümen Nachfahren der Soldaten des Jahres II[10]. Allez enfants de la patrie, los geht's, Kinder des Vaterlandes, zieht eure schönen roten Hosen an, steckt euch Blumen auf eure Gewehre, wir wollen einen Angriffskrieg auf Leben und Tod führen, die Taktik des Stiers einschlagen ... Dummerweise stürzte der Stier dann einfach blindlings drauf los, und nach vierzig frischen und freudigen Kriegstagen lagen dreihunderttausend junge Franzosen auf den Stoppelfeldern und Rübenäckern und weitere dreihunderttausend verwundet in Lazarettbetten. Diese Zahlen standen nicht in dem Album, aber Papa kannte sie und hielt es manchmal für nötig, seinem Sohn klarzumachen, dass der Krieg weniger schön war, als man dachte.

Es kam sogar vor, dass er gänzlich unerwartete Dinge sagte. Unter der Überschrift „Eine einmalige militärische Feierstunde" zeigte das Album einen einfachen Soldaten in einer Reihe mit zwölf Generälen stehend. Darunter war zu lesen: „Zur Linken von zwölf Generälen und auf gleicher Höhe wie diese großen Heerführer wird dem Soldaten Ernest Klein dafür, dass er seinen verletzten Sergeanten unter Feuer rettete, der Militärorden nebst der Umarmung des Generals Joffre zuteil, die ihn von nun an begleitet". Als der Schangele diese Ehre für einen einfachen Soldaten bewunderte, hörte er, wie Papa murmelte, dass er, wenn er dreizehn Orden zu verteilen gehabt hätte, das Verhältnis umgedreht und zwölf Männer und einen General ausgezeichnet hätte. Und was die zeremonielle Umarmung betraf, so ließ er durchblicken, dass sie eine magere Belohnung für einen Tapferen darstellte und einen armseligen Trost für einen Kriegsversehrten, dieser Kuss eines Schnauzbärtigen, auch wenn er oberster General war. Wie man sieht, gab es manchmal in Papas bedingungslosem Patriotismus Missklänge. Dann hatte mal sein gesunder elsässischer Menschenverstand die Oberhand gewonnen.

---

[10] Die gefürchteten Soldaten der Revolutionsarmee, die 1793, im Jahr 2 des Revolutionskalenders, eingezogen wurden. Auch Anfangszeile eines Gedichts von Victor Hugo von 1852 („Ô soldats de l'an deux! ...").

Tatsächlich versanken die eigentlich glorreich gemeinten Bilder des Albums schließlich im Grauen. Der Krieg marschierte unter die Erde. Als ob er sich schämte. Ja, die Menschen verkrochen sich wie Tiere. Sie gruben Löcher. Es ist jedem klar, dass man keine Löcher gräbt, um zu kämpfen. Sie gruben, um nicht getötet zu werden. Natürlich wurden sie es dennoch, dafür waren sie ja da, und Löcher passten viel besser zu Toten als zu Lebenden. Doch klar war auch, dass den Heerführern dieses Abducken nicht in den Kram passte. Diese beiden riesigen, plötzlich an einem Ort festgenagelten Heere, aneinanderklebend wie zwei Preis-Catcher, das lief ihrem Angriffsgeist zuwider. Selbst den Schangele ödete dieses schreckliche Geschehen langsam an. Aber die obersten Heerführer fanden die Lösung. Da ja die Armeen weder vor- noch zurückkonnten, beschlossen sie, diese vor Ort ausbluten zu lassen. Das Album zeigte, wie man die französische Erde durch kleine Angriffe und Großoffensiven in einen gigantischen Leichenbrei verwandelte. Da waren Namen wie Verdun, Craonne und Douaumont, die man nicht mehr ohne Gänsehaut aussprechen konnte. Dann der Gipfel des Schreckens: das Gas und diese Masken wie Schnauzen, die den Kämpfern Schweinegesichter gaben.

Gott sei Dank waren da noch Heldentaten wie die des Gefreiten Gontaudier, der, als er eine deutsche Stellung ausgemacht hatte, von der ein heftiges Gewehrfeuer ausging, seinen Proviantbeutel mit Handgranaten vollpackte und von Baum zu Baum schleichend den feindlichen Unterstand erreichte. Er warf ein paar Granaten hinein und schrie: „Ergebt euch!" Da kamen zwei Offiziere und hundert Mann, nicht einer weniger, herausgekrochen, denen er die Hände auf den Kopf zu legen befahl und die er zurück zu den französischen Linien brachte, bewaffnet mit nur einer Granate in jeder Hand. Präsident Poincaré ließ es sich nicht nehmen, persönlich zu kommen und ihm das Kreuz der Ehrenlegion sowie die präsidentielle Umarmung zuteilwerden zu lassen.

Der Schangele rechnete aus, dass man mit zehntausend granatengefüllten Proviantbeuteln und zehntausend Gefreiten Gontaudier eine Million Deutsche hätte festsetzen können. Allerdings hätte diese Taktik ein Problem bei den zeremoniellen Umarmungen für die Helden mit sich gebracht. Selbst wenn alle Offiziere des Generalstabs mitgemacht hätten, wären sie einen Großteil ihrer Zeit mit Umarmungen beschäftigt gewesen.

Der Schangele, der eine reiche Fantasie hatte, stellte sich vor, man hätte diese Mission hübschen Tänzerinnen übertragen können oder jenen Damen, die bei den großen Malern Modell für deren Odalisken standen. Man hätte richtig gekämpft, um Orden zu erhalten ...

Aber seine Lieblingshelden waren die Flieger, und unter ihnen besonders der Hauptmann Guynemer, der achtzig Deutsche in die Flammen der Hölle befördert hatte, bevor er selbst direkt in den Himmel flog, von wo er nie mehr zurückkam.[11] Oftmals schloss sich der Schangele in seinem Zimmer ein, woraus sonderbare Geräusche hervordrangen: das eines Propellers, der gerade angeworfen wurde, das eines Flugzeugs, das abhob, an Höhe gewann und dann im Sturzflug niederschoss ... Plötzlich kam das Knattern eines Maschinengewehrs, dann eine gewaltige Explosion. Der Schangele hatte einen weiteren Sieg errungen. Nach einer längeren Ruhepause ertönte eine Fanfare: Auf der Esplanade des Invalidendoms in Paris nahm der Schangele aus den Händen des Präsidenten Poincaré das Kreuz der Ehrenlegion entgegen. Eine weitere Ruhepause, dann ein Hochzeitsmarsch sowie der beträchtliche Lärm von einem halben Dutzend mitten am Himmel kreuzenden Flugzeugen: Während der Erzbischof von Paris unter den Gewölben von Notre-Dame die Trauung des Schangele mit dem jungen Fräulein Meyer vornahm, überflog die Fliegerstaffel der Cigognes („Störche"), die von Guynemer und dem Schangele, die Kathedrale und hinterließ einen Kondensstreifen in den französischen Nationalfarben.

Aber da kommt im Osten etwas Neues. Ein Wind erhebt sich, der nichts von einer milden Brise hat; Leute ohne Sterne, Abzeichen und Orden, unbekannte und ungezogene Zivilisten – einer namens Uljanow, genannt Lenin, ein gewisser Trotzki und andere Aufgebrachte – haben den Zaren verjagt und die Macht in Russland übernommen. Das waren echte Halunken, so stand es im Album, ein furchterregendes Regime, das weniger mit der Pariser Kommune oder mit der Schreckensherrschaft während der Französischen Revolution gemein hatte als mit dem finsteren Mittelalter. Diese Leute waren Plünderer, Vergewaltiger, Brandstifter und Mörder und darüber hinaus auch noch Verräter. Sie schlossen mit den Deutschen einen Waffenstillstand. Nun wusste man nicht mehr zu sagen, wer wider-

---

[11] „Er ist so hoch in den Himmel geflogen, dass er nicht mehr zurückkehren kann." Mit solchen Worten tröstete man damals französische Schulkinder, die das junge Fliegerass Georges Guynemer (1894–1917) verehrten.

wärtiger war: dir Revolutionäre, die mit den Feinden paktierten, oder die *Boches*, die mit den roten Kanaillen verhandelten. Und mit dem Verschwinden der Ostfront konnte der Feind seine Geschütze und seine Männer kehrtmachen lassen und auf die Alliierten loslassen.

Aber er hatte nicht mit Zorro und seinen Cowboys gerechnet, also mit dem General Pershing und dem amerikanischen Expeditionskorps. Das Album wurde plötzlich zur Westernstory und man galoppierte in einem Höllentempo – der Ausdruck passte gut – auf das Ende zu. Jedoch brachten es die Deutschen selbst nach vier Jahren Gemetzel noch fertig, sich zu übertreffen und die Dicke Bertha auf Paris zu richten, und das an einem Karfreitag zur Feier des Leidens und Sterbens Christi, um damit die Saint-Gervais-Kirche aufzuschlitzen und sechzig Gläubige zu töten, darunter zwei Schweizer. Schon ein Massaker an Zivilisten war abscheulich, aber eines an Schweizer Zivilisten, das war einfach unsäglich, und wie zum Beweis fand auch das Album keine Worte dafür, und so schrieb man nur, dass die gesamte Schweizer Eidgenossenschaft wie ein Mann hinter den Toten stand, angeführt von ihrem Präsidenten, der auf dem Foto der Begräbnisfeier den Leichenzug anführte.

Doch die Stunde der Strafe war nahe. Eine der Lieblingsseiten des Schangele war die vom Eintreffen der deutschen Gesandten ... Zwei mit großen Fahnen, weiß wie Leichentücher, bestückte Geisterautos. Sie schienen aus dem Totenreich zu kommen, und bei dem großen fahlen Lichtschein hinter ihnen meinte man, dass die zehn Millionen Opfer der Schüsse von Sarajewo ihnen nachliefen ...

Nun folgte der Freudentaumel in Paris und der Rausch der Befreiung von Elsass-Lothringen. Der Schangele bedauerte es, mit ein paar Jahren Verspätung zur Welt gekommen zu sein. Gerne wäre er inmitten der elsässischen Kinder gestanden, die mit ihren Fähnchen den vorbeiziehenden Siegern zuwinkten.

Die letzten Bilder des Albums ähnelten den ersten, und das Massaker von Jekaterinburg spiegelte das Attentat von Sarajewo wider. Das Ende des Zaren und seiner Familie entsetzte und faszinierte den Schangele. Es war aber auch nach allen Regeln der Tragödie dargestellt. Das erste Foto, unheimlich berührend, zeigte die kaiserliche Familie auf dem Dach eines Gewächshauses, wo sie die letzten Strahlen der sibirischen Sonne genoss. Auf dem zweiten war ein bärtiger Mann zu sehen: Er hatte eine Killervisage, und das nicht ohne Grund, denn es war Jurowski, der Mörder des Zaren und seines Sohnes. Auf dem dritten, das sehr ergreifend war, sah man das Zimmer, in dem die Familie und ihre letzten Diener gemeuchelt worden waren. Das Blut hatte die Wände bespritzt und den Fußboden befleckt. Der Bericht schilderte alle Details: Der Zar war sofort tot gewesen, den Zarewitsch, der schwach gewimmert hatte, musste man mit einem weiteren Schuss erledigen, und die Großherzoginnen, die aufgescheucht hin- und herrannten und sich hinter Kissen zu schützen versuchten, starben durch Bajonettstiche.

Der Schangele brauchte kein Foto, um sich das Ende vorzustellen: Leichen, die man ihres Schmucks beraubt, die man auf einen Lastwagen wirft, die man in einem Steinbruch verbrennt und deren Asche man in einen Brunnen schüttet. So also hat der Krieg von 14–18 die Kindheit des Schangele begleitet.

Dennoch hatten diese blutigen Geschichten eine Moral, so lächerlich sie auch war. Der alte Franz-Josef war zu den Toten hinabgestiegen, wo ihn sicher Tausende junger Leute erwarteten, die er in den Tod geschickt hatte und die ihm nicht mehr geneigt waren. Der deutsche Kaiser, ohne Thron und mit Tirolerhut, drehte hinter den Mauern eines holländischen Schlosses seine Runden. „Er war schon eine Witzfigur, als er noch seine Pickelhaube trug. Mit seinem Federhut sieht er vollends wie ein Idiot aus!", meinte Papa, der manchmal Wörter benutzte, die er mir verbot.

Als das Lumina-Kino gegen Ende der Zwanzigerjahre den Film „Verdun, Vision der Geschichte" auf Plakaten ankündigte, eilten Erwachsene wie Schulkinder von nah und fern zu dem fesselnden Spektakel. Man sah in Schlamm getauchte Menschen, im Leichensaft watend, von Läusen geplagt, von Ratten begehrt, gefangen in endlosen Stahl- und Feuergewittern, unter Bedingungen vegetierend, in denen sogar die Cro-Magnon-Menschen der letzten Eiszeit den Gipfel der Barbarei gesehen hätten. Was der Schangele, der einfach gestrickt war, nicht so recht verstand, war, dass diese Unglücksraben auf diese Art und Weise ausgerechnet für die Rettung der Zivilisation gekämpft hatten.

Auf dem Heimweg vom Kino blieb Papa am Kriegerdenkmal stehen. Wir zählten die Kinder, die Audincourt verloren hatte. Zweihundertsiebzehn Namen waren in Stein gemeißelt, zweihundertsiebzehn Väter eines Sieges, den sie nicht erlebt hatten. Kleine Ironie am Rande, durch die alphabetische Ordnung bedingt: Die ersten drei für Frankreich gefallenen Soldaten hießen *Allemand*.

9. *Das Malheur des Abélard – Alter Mann sucht junges Mädchen – Ein weiser Künstler – Die Würste des Morgens – Von Rasputin zu Poincaré – Der Zauber der Hässlichkeit – Vom guten Ruf der Intelligenz – Wenn ein Dackel traurig angedackelt kommt*

In der Lautenbacher Schule unterrichtete damals eine Lehrerin die erste Klasse. Sie wurde Stammgast im Gasthaus, aber nicht wegen des Weins und der Liköre, sondern wegen des Mittagessens, das sie dort einnahm. Sie war jung und hübsch und dazu reizend naiv. Der Onkel Nicolas hätte ihr gerne den Hof gemacht, aber der Krieg hatte ihn ordentlich lädiert und alt werden lassen. Da er ihr Herz nicht gewinnen konnte, nahm er sie ein wenig auf den Arm, wobei ihm der Schangele zur Seite stand, der ihr mehr oder weniger wunderliche Fragen stellen musste.

Ein Beispiel: „Mademoiselle, der Onkel Nicolas behauptet, dass er alle Jahre, die er noch zu leben hat, opfern würde, um nicht zu sterben. Stimmt die Rechnung so?" Das Fräulein protestierte: Das Sterben sei unser aller Schicksal, und dieser Handel sei zu nichts nütze ... Dann begriff sie und schalt: „Oh, Monsieur Nicolas, wie können Sie das Kind nur auf solche Ideen bringen!"

Eine andere Frage: „Wissen Sie, was Mac-Mahon bei seiner Beerdigung gesagt hat, als er allein auf dem Friedhof war?" Nein, das Fräulein wusste es nicht. Der Schangele hingegen schon: „Er hat gesagt: Hier bin ich, hier bleibe ich!" Mademoiselle protestierte wieder: Der Marschall hatte das durchaus gesagt, aber das war bei der Belagerung von Sewastopol gewesen.

„Mademoiselle, warum hatte der Kaiser Wilhelm II. links einen kürzeren Arm als rechts?" Mademoiselle wusste es wieder nicht. Der Schangele frohlockte: „Weil sein rechter Arm länger war als sein linker."

Das Spiel ging jeden Tag weiter: „Mademoiselle, wer ist daran schuld, dass die Schwarzen Menschenfresser geworden sind?" Das Fräulein dachte umsonst nach. „Der Rousseau ist dran schuld, erklärte der Schangele. Er hat ihnen erzählt, dass der Mensch gut sein soll."

„Mademoiselle, haben Sie gewusst, dass der Dichter Lamartine eine Frau war?" Sie schaute Nicolas an: „Was haben Sie ihm denn wieder beigebracht?" Doch schon hatte der Schangele die Antwort parat: „Wenn der Lamartine ein Mann gewesen wäre, hätte er Lemartin geheißen!"

Manche Witze schossen auch über ihr Ziel hinaus. „Mademoiselle, wissen Sie, was André Chénier[12] sagte, als er aufs Schafott stieg?" Natürlich wusste sie das, die Mademoiselle. André Chénier hatte eine Hand an seine Stirn gelegt und gesagt: „Da hatte ich doch mal was!" Jetzt blickte der Schangele zu Onkel Nicolas, um zu sehen, ob er weitermachen sollte. Nicolas zwinkerte ihm auffordernd zu. „Mademoiselle, wissen Sie, dass Abélard[13] nach seinem Malheur dasselbe gesagt hat?" Das Fräulein wurde langsam rot. Der Schangele, der überhaupt keine Ahnung von Abélard und dessen Unglück hatte, merkte aber, dass es jetzt eigentlich genug war, aber das Auge des Nicolas trieb ihn vorwärts: „Auf geht's, los!" Also ging er los: „Mademoiselle, wissen Sie auch, wo Abélard seine Hand hintat, als er das sagte?" Das Fräulein lief nun puterrot an. „Monsieur Nicolas, wie können Sie nur? Sie sollten sich schämen, ihren Neffen derart zu verderben!" Dann drehte es sich zum Schangele: „Und du, spiel mir nicht den Unschuldigen! Mitgefangen, mitgehangen!"

Der Schangele war ganz perplex. Er fragte sich, wo dieser Abélard wohl seine Hand hingetan haben mochte, wenn das Fräulein so aus der Haut fuhr. Er traute sich aber nicht zu fragen. Und Nicolas eilte in den Garten, kam mit sieben weißen Rosen zurück und reichte sie der Lehrerin. „Mademoiselle, ich habe mich wie ein radikalsozialistisches Schwein aufgeführt. Ich bitte Sie um Verzeihung!" Die Mademoiselle verzieh ihm mit einem barmherzigen Lächeln, und der Schangele grübelte weiter darüber nach, was Abélard wohl verloren hatte.

Als dieser Zwischenfall vergessen war, fing Nicolas wieder mit seinen Scherzen an: „Mademoiselle", begann er eines Tages, „ich habe vor, eine Anzeige in die Zeitung von Gebweiler zu setzen. Wären Sie so nett, sie mal durchzulesen und auf Fehler zu überprüfen?" Die Mademoiselle war so nett und las: „Mittfünfziger, hässlich, dumm, gemein, faul, unvermögend und kriegsversehrt, sucht zwecks Heirat junges Mädchen aus gutem Hause, hübsch, klug, sanftmütig, fleißig und treu. Reiche Mitgift willkommen. Älter als 22 Jahre zwecklos." Nach der Lektüre erklärte sie dem Anzeigenaufgeber: „Ihr Text ist perfekt, Monsieur Nicolas. Was die von der jungen

---

[12] Französischer Dichter und Revolutionär (1762–1794).
[13] Französischer Philosoph (1079–1142), der wegen seiner Liebesaffäre mit seiner Schülerin Héloïse durch deren Onkel entmannt wurde. Ihre Liebesgeschichte, die nach Abélards Unglück anhielt, gilt als eine der größten des Mittelalters.

Dame geforderten Qualitäten betrifft, so kann sich ein Mann wie Sie erlauben, anspruchsvoll zu sein ..." Was sollte Nicolas da sagen? Er lachte etwas gezwungen und überlegte es sich von da an zweimal, bevor er die Lehrerin wieder neckte. Klar, dass die Anzeige nie erschien und dass der Onkel keine Gefährtin fand. Dafür bekam er aber einen Gefährten. Er kam an einem ersten April. Doch er war kein Witzbold, er war ein Hund. Ein Hund ohne Rasse, ohne Alter, ohne Stammbaum und wahrscheinlich ohne Familie, aber nicht ohne Talente. Der Schangele beobachtete schon eine Weile vom Wirtshausfenster aus, wie er auf dem Platz hin- und herlief; er hätte das Bein an der Kirche, am Kriegerdenkmal, am Brunnen oder an den Linden heben können, aber da er Taktgefühl hatte, was unverkennbar war, hatte er den Kilometerstein markiert.

Dann plötzlich, als er den Gusti auf das Gasthaus zumarschieren sah, folgte er dessen Schritten und betrat hinter ihm die Wirtsstube. Nicolas, der gerade die „Action française" las, faltete die Zeitung zusammen und zog die Augenbrauen hoch: „Was ist denn das für einer? Ist das einer von deinen Freunden, Gusti?" Der Gusti wehrte ab: Außer ein paar einbeinigen Kriegsversehrten gingen seine Kumpels alle auf zwei Beinen, selbst wenn sie betrunken waren. Inzwischen hatte der Vierbeiner bereits die Mitte des Saales erreicht. Er bellte dreimal, stellte sich auf die Hinterpfoten, machte eine vollendete Drehung, deutete ein paar Polkaschritte an, vollbrachte weitere Pirouetten und Entrechats und kündigte mit einer perfekten barocken Verneigung das Ende der Vorstellung an, indem er die rechte Vorderpfote hochhob. Man sah sofort, dass dieser große Artist ein ganz weiser Hund war.

Nicolas, noch ganz gebannt, wollte ihm etwas anbieten. Der Künstler ließ ein leises Kläffen vernehmen, das bedeutete, dass er nicht nein sagen würde. Nicolas befahl dem Schangele: „Hol meine Würstchen!" Dazu muss man wissen, dass der Onkel jeden Tag, wenn die zehnte Stunde schlug, zwei Straßburger Würstchen und eine Karaffe Weißwein verputzte, wobei nicht klar war, ob er mit dieser Zwischenmahlzeit das Frühstück ergänzte oder das Mittagessen einläutete. Manchmal gab er mir sogar etwas von seinem Imbiss ab. Doch eine so auserwählte Speise einem Hund zukommen zu lassen, war gänzlich unvorstellbar. Die Hunde von damals mussten sich mit den Überbleibseln und den von ihren Herrchen abgenagten Knochen begnügen, welche in ihren gastronomischen Qualitäten mühelos die armseligen Gemenge übertreffen, die man ihnen heutzutage in den Werbespots im Fernsehen zu fressen gibt. Aber ein Artist dieser Klasse verdiente eine besondere Belohnung. So gab ihm Nicolas ein halbes Würstchen ab, das der Hund mit einer bei seinesgleichen nie gesehenen Vornehmheit verspeiste. Worauf er sich wieder auf sein Hinterteil setzte und sich dadurch erkenntlich zeigte, dass er erneut die Pfote an sein Herz hob, was ihm die übrigen eineinhalb Würstchen eintrug ... Nicolas, der Gusti und der Schangele waren total verblüfft.

Der Künstler saß ihnen gegenüber und ließ seinen Blick abwechselnd vom einen zum andern wandern, darin eine Mischung aus Dankbarkeit und Bittstellen, etwa so: „Wirklich gemütlich bei euch! Könnt ihr keinen klugen Hund wie mich brauchen?" Nicolas brach das Schweigen und fragte: „Wie heißt du denn?" Nicht, dass er etwa eine Antwort erwartet hätte, aber in einem solchen Fall konnte man nur mit dem Unerwarteten rechnen. Wie Queneau[14] gesagt hätte, er nannte seinen Namen nicht in der ersten Person Indikativ Präsens des Verbes heißen, sondern kläffte mehrmals so eindeutig, dass sich seine Identität näher einschätzen ließ: Sein Hunde- oder Künstlername bestand unzweifelhaft aus drei Silben. Nicolas durchforstete sein Wissen und versuchte es mit einer abwechslungsreichen Auswahl: D'Artagnan, Darius, Luzifer, Rasputin, Poincaré ... Jeder Name wurde mit einem leichten, schnell endenden Schwanzwedeln quittiert, was dem Onkel sagte, dass er daneben lag. Beim Namen Rasputin wurde das Wedeln stärker. Bei dem von Poincaré machte der vierbeinige Gast gleich Männchen. Aber das war kein eindeutiger Beweis, dass Nicolas ins Ziel getroffen hatte. Der Artist konnte des Fragens müde gewesen sein und auf diesen Winkelzug zurückgegriffen haben, um ihm ein Ende zu bereiten. Der Onkel folgerte dennoch, dass er einen Politikernamen trug, was nicht selten bei elsässischen Ziegenböcken, Pferden oder Hunden der Fall war, und da er beim Namen des Retters des französischen Franken[15] freudig reagiert hatte, übernahm ihn Nicolas für die weitere Unterhaltung. „Sag mal, Poincaré, wir würden gerne wissen, wo du herkommst. Bist du nicht vielleicht

---

[14] Raymond Queneau (1903–1976), französischer Schriftsteller, der für seine experimentellen Schriften bekannt ist.
[15] Raymond Poincaré (1860–1934), mehrmaliger französischer Ministerpräsident sowie Staatspräsident (1913–1920). Durch sein Wirken wurde der Franc 1928 nach einer Finanzkrise stark abgewertet und dadurch stabilisiert.

beim Zirkus Pinder ausgebüxt? War der nicht gestern Abend in Mülhausen?" Hier ließ der Hund den Blick und die Ohren hängen und winselte erbärmlich. Es war klar, dass ihm der Zirkus Pinder etwas sagte, aber es war nichts Gutes. Nun, da ich seine Geschichte aufschreibe, erinnert er mich an die Künstler der totalitären Staaten, die im Westen Asyl suchen. Poincaré hatte sich für die Freiheit entschieden und suchte Zuflucht bei Onkel Nicolas. „Aber was glaubst du denn", fuhr er fort, „glaubst du denn, dass ich dir jeden Tag meine Würstchen abgebe? Und was wird wohl der Waldi sagen, wenn er dich sieht? Apropos Waldi, wo steckt der denn eigentlich?"

Der Waldi ist der Hund des Gasthauses, also der Hund der Familie. Ein Dackel, dessen Bauch den Boden fegt, dessen Ohren Staub wischen und dessen krumme, verdrehte Beine scheinbar eine Herausforderung für die Fortbewegung darstellen. Gott besitzt ja per definitionem alle Gaben, aber man kann sagen, dass er seinen Humor nie so sehr gezeigt hat wie bei der Schaffung dieser Art von Dackel. Mit dem des Café-Restaurants „Herrgott" hat er sich sogar selbst übertroffen.

Das wunderbare daran ist, dass diese Fehlkonstruktion, die eher für das Kriechen gemacht zu sein scheint, flink wie ein Windhund wird, wenn sie erst losrennt. Nicht weniger wundersam ist es, dass dieser Ausbund an Hässlichkeit den schönsten, sanftesten, liebevollsten Blick hat, den man sich vorstellen kann, und Sie tun mir Unrecht, wenn Sie sich gleich über mich lustig machen oder schimpfen, aber ich glaube, der heilige Franz von Assisi hat solche Augen gehabt. Es kam aber auch vor, dass man hinter seinen Pupillen einen Anflug boshaften Schalks aufblitzen sah, womit ich den scharfsinnigen Verstand meine, der an den Blick Voltaires erinnerte. Das alles, um zu verdeutlichen, dass Poincaré zwar ein Ausnahmehund war, unser Dackel jedoch ebenfalls nicht von schlechten Eltern war.

Im Übrigen hatte Nicolas auch für seine Bildung gesorgt. Er hatte ihm nämlich das Lesen und das Zählen beigebracht (er bellte bis zehn). Immer wenn ich oder meine kleinen Cousins ihn darum baten, ließ er Waldi auf den Tisch steigen, setzte ihn auf seine Hinterbeine und eine Brille auf seine Schnauze, hielt ihm die „Action française" hin und forderte ihn auf, den Leitartikel zu lesen. Der Blick des Dackels war so konzentriert, dass ich mir noch immer nicht sicher bin, ob dieser nur Interesse simulierte oder tatsächlich las.

Dann zog Nicolas ihm die Brille ab, und es entspann sich ein Zwiegespräch. Nicolas: „Was hält Monsieur Waldi vom Leitartikel des Monsieur Maurras?" Waldi: „Waff, waff!" Nicolas: „Ganz baff! Monsieur Waldi hat gesagt, er sei ganz baff!" Nicolas fuhr fort: „Wie denkt Monsieur Waldi über unsere Dekadenz?" Monsieur Waldi ließ ein langgezogenes Winseln vernehmen. Es war unverkennbar, dass unser Sittenverfall ihm großen Kummer bereitete. Nicolas: „Was hält Monsieur Waldi von Monsieur Herriot (oder von Monsieur Painlevé oder von Monsieur Sarraut[16])?" Waldi knurrte und bleckte die Zähne. Man sah gut, dass er mit diesen Typen noch ein Hühnchen zu rupfen hatte und nur darauf wartete, ihnen mit den Fangzähnen in den Hintern zu beißen. „Wie steht Monsieur Waldi zur Republik?" Monsieur Waldi sprang vom Tisch, lief durch den Saal, hob verächtlich das Bein und ließ ein oder zwei Tropfen in den Spucknapf fallen. Das waren intellektuell angehauchte Späße, die zwar weniger spektakulär waren als die Kunststücke von Poincaré, mir aber einen ebensolchen Spaß bereiteten.

Nicolas stellte seine Frage nochmal: „Wo kann er denn stecken, der Waldi?" Der Gusti wusste Bescheid. Von seinen Hormonen getrieben, war der Intellektuelle hinter dem Bahnhof, wo sich seit dem Morgengrauen alle Hunde des Dorfes und sogar einige von Linthal oder Lautenbach-Zell herübergekommene Köter drängelten, vor dem Haus der Klaibers, deren Hündin seit kurzem läufig war und die ihnen wie ein wahres Kaleidoskop an Düften vorkommen musste. Da waren Schäferhunde, alle Arten von Doggen, Boxer und Promenadenmischungen vom gleichen Kaliber, die unserem Dackel nur die Pfoten abbeißen mussten, um ihn zur Wurst zu machen, doch der furchtlose Monsieur Waldi, dem sein Äußeres eigentlich keine Chance ließ, hielt seine Kandidatur aufrecht. Gewiss hoffte er auf den guten Ruf der Intelligenz im Kampf um die Gunst der Vielumworbenen. „Er kann sie nämlich alle in den Sack stecken und sie rumkriegen", erklärte Nicolas. „Wir müssen ihm allerdings eine Demütigung durch den *penis captivus* ersparen."

Der Schangele hörte mit großem Interesse zu. Da er merkte, dass Waldi in eine Gefahr lief, aber auch ahnte, dass sich das Risiko lohnte, wollte er

---

[16] Drei der unzähligen Regierungschefs der III. Französischen Republik in den 1920er- und 1930er-Jahren, die dieses Amt teilweise mehrfach bekleideten.

mehr wissen. Wer war überhaupt dieser *penis captivus*, der sich anschickte, ihn zu demütigen? War es einer von der Art dieser schrecklichen Republikaner, die an der Dekadenz Frankreichs arbeiteten und Charles Maurras so sehr erzürnten?

Nicolas tat, als habe er nichts gehört. Aber er brummte vor sich hin, und wünschte wahrscheinlich den Zuhältern der Republik, wie er sie nannte, bei ihrer Paarung mit der französischen Marianne die Qualen des *penis captivus*. Der Schangele bot sich an, hinter den Bahnhof zu laufen und Waldi zurückzubringen. Nicolas lehnte das ab und wollte den Kavalier lieber selbst holen gehen. „Du", befahl er, „kümmere dich um Poincaré!" Das ließ sich der Künstler nicht zweimal sagen. Er kapierte sofort, dass er nunmehr adoptiert war, sprang dem Schangele auf den Schoß und schleckte ihm leidenschaftlich das Gesicht ab. Dann hüpfte er wieder in die Saalmitte zurück und begeisterte uns erneut mit seinem akrobatischen Talent.

Er saß schon wieder auf dem Schoß des Schangele, als Nicolas und Waldi zurückkehrten. Der Erstgenannte schimpfte laut mit dem Zweiten, der die Ohren noch tiefer als sonst hängen ließ: „Da ist er, dieses Schwein, dieser Sittenstrolch, dieser Lüstling ... Wollt ihr wissen, was er gemacht hat, als er mich sah? Er hat sich unter den Bäuchen der anderen versteckt. Er hat wohl gehofft, dass ich ihn nicht sehen würde ... Schämt Ihr euch nicht, Monsieur Waldi? Ein Pensionsgast des Restaurants Herrgott, ein Verfechter der Monarchie, ein Leser der „Action française", mischt Er sich doch unter die Rotte der Notzuchtverbrecher, um sich mit einer Schlampe vergnügen zu können! Ihr seid für mich ein Hund, Monsieur Waldi, Ihr seid nichts als ein elender Hund!"

Monsieur Waldi ließ das Gewitter über sich ergehen. Als Hund beschimpft zu werden, kränkte ihn nicht. Wie man heute sagen würde, nahm er sein Wesen als Hund an. Doch Nicolas war noch nicht fertig: „Zum Glück gibt es noch anständige Säugetiere, Säugetiere, die ihrer Spezies alle Ehre machen. Hier, Monsieur Waldi, stelle ich Ihnen meinen Freund Poincaré vor. Er ist auf der Flucht vor irgendeiner Unterdrückung und hat mich um Zuflucht und Gastrecht gebeten. Ihr müsst jetzt wohl euer Futter mit ihm teilen."

Da stehen sich nun unsere Hunde gegenüber, fast hätte ich gesagt, von Angesicht zu Angesicht. Doch der Ausdruck passt nicht so recht, denn sie schauen einander schief an, und das Knurren, das zwischen ihren Zähnen zu hören ist, verspricht eher eine hitzige Debatte als eine nette Unterhaltung. Mir kommt es vor, als hörte ich ihr Zwiegespräch: „Wenn du dich hier einnistest, reiß ich dir die Nüsse ab, du dummes Vieh!" – „Du Missgeburt, wie willst du denn da überhaupt hinkommen mit deinen Zwergenbeinen?" Mit seinem Blick und seiner Stimme sorgt Nicolas wieder für Ruhe. Doch sobald er aufhört damit, geht das Geknurre wieder los. Da hat er eine Idee. Er zeigt in die Mitte des Saales und sagt zu Poincaré: „Zeig uns, was du kannst!" Der Köter marschiert hin, bellt wieder dreimal und zieht eine noch großartigere Show ab als zuvor. Ich hatte Waldi zu mir auf den Schoß gesetzt und beobachtete ihn aus dem Augenwinkel, während ich dem Artisten zuschaute. Sein Schwanzwedeln fiel mir als Erstes auf: Es war rasend schnell, und sein Besitzer gab kleine Laute der Begeisterung von sich. Ab und zu drehte er sich zu mir um und sagte mir mit seinen Augen: „Hast du das gesehen? Ja, hast du das gesehen?" Allerdings übertraf sich der Künstler tatsächlich, seine Pfoten berührten kaum den Boden und sein Körper schien in der Luft herumzuwirbeln. So sehr, dass Waldi leicht beunruhigt zum geöffneten Fenster schielte, als fürchte er, Poincaré könne durchs Fenster davonfliegen. Vorhin habe ich Ihnen ja von der Schönheit seines Blickes erzählt, und dabei traute ich mich nicht, aus Angst, lächerlich zu wirken, seine Augen mit den Bergseen der Vogesen zu vergleichen, jenen tiefen und dunklen Seen, in denen sich der Wald spiegelt. So, jetzt sage ich es doch, Waldis Augen waren wie Seen, und sie waren voll der Bewunderung.

Am Ende der Vorführung klatschten Nicolas, Gusti und ich so sehr, dass der Leuchter im großen Saal wackelte. Waldi eilte sofort zu Poincaré. Sie tauschten Höflichkeiten aus, wie sie unter Hunden üblich sind, damit meine ich, dass sie sich gegenseitig den Hintern beschnüffelten und brüderlich ihre Schnauzen aneinander rieben. Es war der Beginn einer unerschütterlichen Freundschaft zwischen Waldi, Poincaré und dem Schangele.

10. Das Geheimnis des Raben – Der Tierfreund – Faust und Gretchen – Gebet für eine Gans? – Serenade für eine Ringelnatter – Vade retro

Der Pierri, mein kleiner Bruder, schloss sich bald unserer Truppe an, die er um einen neuen Spielkameraden in Gestalt eines alten Raben bereicherte. Er hatte ihn leblos scheinend aufgelesen, auf der Mattafald genannten Wiese, und auf den Schuss eines Jägers getippt. Da er nach eingehender Untersuchung keine Verletzungsspuren gefunden hatte, war er zu Wiederbelebungsversuchen übergegangen. Als er ihn hin- und herschüttelte, schlug der Vogel ein Auge auf. Es lag ein so flehentliches Bitten darin, dass der Kleine Mitleid bekam.

Er nahm den Raben unter den Arm und brachte ihn ins Gasthaus, wo ihn Nicolas seinerseits untersuchte und dann mehrere Vermutungen über seinen seltsamen Zustand von sich gab. Entweder war der Vogel total blau – es war November, die Zeit, in der die Schnapsbrenner aktiv sind, und die Destillerien in den umliegenden Waschküchen liefen auf Hochtouren. Es war gut möglich, dass ein Schnapsbrenner die breiigen Überreste seiner angesehenen Kunst zurückgelassen hatte und dass der Duft der vergorenen *Quetschen* einen feinschmeckerischen Raben angelockt hatte. Oder aber der Rabe litt an einer Depression, die von irgendwelchem Verdruss herrührte. Nicolas, der viel wusste, erzählte dem Pierri, dass die Raben in Paaren lebten und diese wiederum in Gesellschaft. Ihr Gemeinwesen war durch geheimnisvolle Gesetze geregelt, bei deren Übertretung die Schuldigen verbannt wurden. Möglicherweise hatte das Tier gegen die Moral der Raben verstoßen und war aus deren Gesellschaft ausgeschlossen worden. Vielleicht war der Rabe, der männlich war, auch zum Witwer oder einfach zum Hahnrei geworden und konnte den Tod oder das Fehlverhalten seiner Gefährtin nicht ertragen. Pierri wollte wissen, was denn ein Hahnrei sei. Nicolas hätte ihm um ein Haar geraten, den Cousin Thomas zu fragen, doch er beherrschte sich und sagte nur, dass er das später einmal verstehen würde.

Wir erfuhren nie, welche Vermutung die zutreffende war. Doch der Betroffene fand nicht nur die Freude am Leben wieder, sondern war dem Pierri, seinem Lebensretter, derart zugetan, dass er ihm nie mehr von der Seite ging. In der Familie führte man diese Anhänglichkeit auf puren Eigennutz zurück: Da er in der Scheune und wie Waldi und Poincaré von den Resten der Gasthausküche lebte, hatte es dieser Nutznießer bei den Herrgotts besser als bei den Raben. Doch die Wahrheit war viel simpler: Der Pierri liebte Tiere. Er war am liebsten auf den Bauernhöfen und in Ställen aller Art. Zu allen sprach er: zu Hühnern, Enten, Pferden, Kühen und sogar zu Schweinen. Wenn es sich ergeben hätte, hätte er es auch mit Wölfen versucht. Man kann sich vorstellen, dass sich die Tiere solch einen Freund nicht entgehen ließen. Das galt zum Beispiel für eine Gans, die die Oma mit Blick auf Weihnachten gekauft hatte und deren weißes Gefieder frappierend mit dem des Raben kontrastierte. Kaum hatte sie den Pierri entdeckt, suchte sie bei ihm Schutz. Er nahm sie in die Arme, streichelte ihren Hals, flüsterte ihr zärtliche und sanfte Worte zu, Wörter aus dem Elsass, deren Melodie beruhigende Wirkung hatte, *nai Maidele, nai Gansele*, der Pierri wird dich nicht essen, und auch die anderen nicht, denn der Pierri wird die Hackbeile und Messer verstecken.

Das brauchte er nicht zu tun. Denn dem Beispiel des Raben folgend, wich auch die Gans ihrem Beschützer nicht mehr von der Seite. Diese Gemeinschaft funktionierte jedoch nicht ohne Weiteres. Der Rabe hatte nur Verachtung übrig für das Weiß der Gans, die wiederum von der Schwärze des Raben angewidert schien. Der Pierri predigte ihnen Brüderlichkeit, Nächstenliebe, also das, was man heute den Respekt vor dem Anderssein nennt. Zu gerne hätte er sie dazu gebracht, sich die Füße zu reichen und sich zu küssen. Doch ihre Schnäbel waren eher fürs Zwicken als fürs Küssen gemacht, und was die Füße betraf, so hatten die der Gans Schwimmhäute und die des Raben Krallen ... Egal! Der Pierri ließ nicht locker. Bei jeder Gelegenheit nahm er die Vögel in den Arm und liebkoste sie. Ihre Beziehung nahm bald einen so freundschaftlichen, um nicht zu sagen verliebten Charakter an, dass ihnen der Pierri passende Namen gab. So kam es, dass der Rabe zu Faust wurde und die Gans Gretchen hieß. Ferner taten sie sich mit Poincaré und Waldi zusammen und bildeten bald das einträchtigste Quartett, das man sich vorstellen konnte. Leider wurden sie von den Talenten des Zirkushundes zu einem unseligen Wetteifer angeregt. Ebenfalls um Bewunderung heischend, begann Faust, des Morgens Lobgesänge zu krächzen, und das von der Tanzmuse heimgesuchte Gretchen hob seine Keule wie eine Cancan-Tänzerin. Gott sei Dank schaffte es Poincaré, der ein Profi war und nichts für Amateure übrighatte, sie wieder auf den Boden zurückzubringen.

Trotz allem war Gretchen die glücklichste aller Gänse und der Pierri, der Weihnachten näherkommen sah, der unglücklichste aller Freunde. Sein Verhalten wurde merkwürdig. Er trug nicht nur ständig seinen Rosenkranz in der Hosentasche, sondern lief bei jeder Gelegenheit in die Kirche und kniete vor der Statue der heiligen Therese von Lisieux nieder. Schließlich fiel Großmutter sein Gehabe auf (wofür er auch alles tat). Sie fragte: Wozu ging es ins Gotteshaus, dieses fromme Kind? Das fromme Kind gab zur Antwort, dass es für Gretchen betete, dass es gelobt hatte, fünfzehn „Vaterunser" und einhundertfünfzig „Gegrüßet seist du, Maria" zu sprechen, ohne dabei überhaupt die vielen „Ehre sei Gott in der Höhe" zu erwähnen, das alles, um die Gnade Gottes zu erwirken; dass er schon fünf Sonntagsgebete und fünfzehn „Ave Maria" verbuchen konnte und dass er entschlossen war, sein Vorhaben bis zum Schluss durchzuhalten. Großmutter war zu Tränen gerührt, aber ein solches Aufgebot an Gebeten sei doch recht viel für eine Gans; würde der Pierri, wenn es um sie selbst ginge, denn den gleichen Eifer an den Tag legen? Wie, den gleichen Eifer? Er würde zehnmal, hundertmal, tausendmal mehr beten ... Großmutter unterbrach ihn; unmöglich, dass man die Gans an Weihnachten verspeisen würde, aber es sei besser, sich nicht leichtsinnig zu einem Gelübde hinreißen zu lassen. Und da der Pierri Gretchen so sehr liebte, würde man sie verschonen, nur müsse man dafür Daladier, Ludendorff oder Lloyd George schlachten (es handelte sich hierbei um Hasen, die der Onkel Nicolas so getauft hatte), schließlich musste ja für ein Weihnachtsessen gesorgt werden ...

Der Pierri ließ eines jener „Warum?" vernehmen, mit denen die Kinder die Erwachsenen bedrängen: Warum feierte man die Geburt des Christkindes, indem man Gänse, Puten, Hühner, Hasen und andere Tiere massakrierte, die niemandem etwas zuleide taten?

Solche Fragen mochte Großmutter nun überhaupt nicht, also schickte sie den Pierri zum Onkel Nicolas, der war schließlich bei den Lieben Brüdern in Matzenheim zur Schule gegangen, las eine Zeitung, die niemand außer ihm verstand, disputierte mit dem Pfarrer, dem Bürgermeister, dem Lehrer, manchmal auch mit den Tiefen seines Glases, wenn er ein paar Karaffen gezischt hatte und ihm Charles Maurras im letzten Tropfen Riesling erschien, kurzum, er wusste über vieles Bescheid und würde sich sicher gerne um Pierris Anliegen kümmern.

Wenn man nur die Lebewesen töte, die uns etwas zuleide tun, so ungefähr sprach der Onkel Nicolas, dann hätte man nicht viel umzubringen. „In Wahrheit, Bub, töten wir die Tiere, weil sie uns guttun. Gott hat sie erschaffen, damit wir sie essen, damit wir sie in unser Fleisch und Blut verwandeln, ja sogar in unseren Geist. Ja, Bub, die Welt ist gut gemacht. Nur die Kommunisten, die Sozialisten und die Radikalsozialisten wollen das alles ändern. Aber Gott, Maurras und ich, wir werden das nicht zulassen, Pierri."

Pierri spürte, dass er zustimmen musste, und setzte seine überzeugteste Miene auf, damit der Onkel glaubte, er teile seine Meinung. Er war froh, Gretchen gerettet zu haben, und ließ die Opferung von Daladier und Konsorten ohne größere Gewissensbisse geschehen. Er fand, dass Gänsefleisch ohnehin ein wenig fade schmeckte, und liebte Hasenrücken.

Pierris Tierliebe zog allerhand ungewöhnliche Kameraden an, und so gab es ein großes Geschrei beim *Wiwervolk*, als er eines Tages mit einem neuen Freund um den Hals die Kirche betrat. Man muss wissen, dass Nicolas ihm eine Hirtenpfeife geschenkt und das alte Lied des Königs Henri beigebracht hatte, jenes, welches der Menschenfeind in Molières Stück dem lächerlichen Sonett des Oronte vorzog. Sie waren dann auf den Ziegenberg gestiegen, wo der Onkel an einem Ort namens Neigesetz Kartoffeln anbaute.

Der Pierri hatte sich zwischen den Steinen niedergelassen, sein Instrument angesetzt und „Hätt der König mir Paris sein' große Stadt geschenkt" angestimmt, als sich gegen Ende des zweiten Verspaares ein olivgrünes Reptil, das ihn wohl für einen Schlangenbeschwörer hielt, vor seinen Augen in die Höhe reckte und dabei langsam und grazil aufrollte. „Spiel weiter", flüsterte Nicolas, „das ist eine Äskulapnatter, dein Lied gefällt ihr, sie ist bestimmt auf unserer Seite." Ob sie nun monarchistisch war oder nicht, jedenfalls schien sie die Musik tatsächlich zu faszinieren, denn am Ende eines immer engeren Tanzes hängte sich die zupackende Kreatur dem Musiker im wahrsten Sinn des Wortes an den Hals.

Doch keine Bange. Der Pierri findet das überhaupt nicht abstoßend, ganz im Gegenteil, er ist glücklich, eine so schöne Halskette zu haben. Nicolas ist weniger ergriffen, er hat für Reptilien überhaupt nichts übrig, doch sein schalkhafter Geist liefert ihm sogleich eine Idee, mit der er die Situation ausnutzen kann.

Da das Fest von Mariä Himmelfahrt ansteht, dürften die jungen Damen des Bibbelevereins (von Bibbele, was Küken bedeutet), also die Fräuleins vom Club der Küken – fromme und mutmaßlich unberührte junge Mädchen, deren Aufgabe es ist, die Kirche in Schuss zu halten und zu dekorieren –, gerade dabei sein, den Marienaltar mit Blumen zu schmücken. Wenn man nun den Pierri mit einer Schlange um den Hals dort hinschickt, werden die Mädchen wie aufgescheuchte junge Hühner auf Stühle und Bänke springen, ihre Röcke hochheben und wie aufgeschreckte Mäuse quieken.

Und so ungefähr kam es auch: Als sie das Kind mit der Schlange sahen, wurden die Küken von einem unsäglichen Grauen ergriffen, sie kletterten auf alles, was über dem Boden war, und erfreuten den Pierri mit einem Schreikonzert sowie den Nicolas mit einem Blick auf ihre Unterwäsche. Doch Pierri, dem einige Minuten gereicht hatten, um mit dem Reptil Freundschaft zu schließen, verstand nicht, dass man es so abstoßend finden konnte. Also versuchte er, die Hühner zu beruhigen, zeigte ihnen die Schlange, welch hübsche Farbe sie hatte, wie schön ihre Augen waren ... Doch je näher er ihnen kam, desto aufgebrachter wurden sie.

Erst der Pfarrer, von ihrem Geschrei alarmiert, kam, sie zu erlösen. Er ging auf den Pierri zu, zeigte auf die Kirchentür und vertrieb die Schlange und ihren Komplizen mit einem Stirnrunzeln à la *vade retro* aus dem Gotteshaus. Der andere Kamerad, damit meine ich Nicolas, hatte den Ort gleich bei Erscheinen der Soutane verlassen.

So fanden sich Onkel und Neffe auf dem Kirchplatz wieder. Der Pierri wollte zum Gasthaus gehen, um seine neue Bekanntschaft seiner Tierbande vorzustellen, doch Nicolas hielt es für sinnvoller, die Natter zum Berg zurückzubringen ... Er erklärte ihm, dass Schlangen einen schlechten Ruf hatten, seit der Teufel in die Haut von einer von ihnen geschlüpft war, um Adam und Eva zu verführen und Unglück über ihre Nachkommen zu bringen. Natürlich kannte der Pierri die Geschichte und fand sie so kindisch wie die meisten, die Erwachsene so erzählten. Dennoch wollte er wissen, ob es den Teufel noch gab und er sich weiterhin als Schlange verkleidete. Nicolas gab zur Antwort, dass dieser Feind des göttlichen Rechts und der Monarchie mehr denn je sein Unwesen trieb und dass er jetzt im Kostüm eines republiktreuen Redners auftrat.

Da ja Tiere bekanntermaßen gut informiert sind, machte unter all den Hunden, Katzen, Igeln, Vögeln, Eidechsen und anderen Bewohnern des

Florival das Gerücht die Runde, dass ein Menschenfreund *üss'm Frank-risch*, will sagen aus dem Rest von Frankreich, bedürftigen Tieren Unter-kunft und manchmal auch Zuflucht gewährte, in den Nebengebäuden des Herrgott'schen Gasthauses. Alles, was in den Wassergräben, Dachrinnen und Mauerlöchern der Umgebung kreuchte und fleuchte gesellte sich fortan bisweilen zur Bande um Poincaré, Waldi, Faust und Gretchen. Klar kam es vor, das ein Hund mal eine Gans biss oder ein Rabe sich eine Maus genehmigte, doch der Blick, mit dem der Pierri dann den Schuldigen bedachte, ähnelte so sehr dem, den Gott auf Kain nach dessen Brudermord warf, dass derartige Vorkommnisse die Ausnahme blieben. Und was die Familie betraf, so war sie zutiefst gerührt angesichts der unzähligen Freun-de des Pierri, außer wenn Faust ein Stück Käse stibitzte oder die alte Elise in ihrem Bett eine Eidechse fand.

Um nochmals auf die peinliche Prüfung des *penis captivus* zurückzu-kommen, so bot uns der Waldi hierzu unrühmlichen Anschauungsunter-richt. Die harten Worte, mit denen Nicolas ihn aus der Warteschlange um die Hündin der Klaibers herausgepflückt hatte, hatten ihn kalt gelassen. Als ein paar Tage darauf die Cockerspanieldame der Schillings ihrerseits heiß wurde, waren Rassehunde wie Promenadenmischungen, alle unter Liebesentzug Leidenden und Sexbesessenen des Florival, vor dem Hoftor der Schönen zusammengekommen. Wie brachte es dieser Krummgewach-sene, diese mickrige Gestalt, fertig, den stärksten und vornehmsten Vereh-rern den Rang abzulaufen? Wer weiß? Vielleicht hatte er es aufgrund seiner Schmächtigkeit – mehr denn je sah er aus, als sei er einem Walz-werk entsprungen – geschafft, unter dem Gitter durchzuschlüpfen. Und was die Zustimmung der schönen Hündin betrifft, so ist anzunehmen, dass auch bei den Hunden Klugheit und Charme mehr zählten als Kraft und Schönheit. Jedenfalls kam eine alte Jungfer, die diese Spielchen wohl nicht mochte, zu Onkel Nicolas und teilte ihm mit, dass sein grässlicher Dackel, dieses Schwein, der Schilling'schen Hündin, dieser Ärmsten, Gewalt ange-tan hätte und dass sie sich wie aneinandergeschweißt im Hof des Anwe-sens befänden.

Nicolas verzog keine Miene. Er, der ein paar Tage zuvor noch den Waldi mit Beschimpfungen überzogen hatte, war nahe daran, ihn zu loben. Jedenfalls schien er stolz auf ihn zu sein. Den ersten Platz im Wettbewerb mit zehnmal so Starken wie ihm zu erringen, das musste man erst einmal schaffen, auch wenn man den Sieg mit dem Einklemmen seines Zipfels bezahlte ... Und wer weiß, vielleicht war es ja sogar diese lüsterne Kleine, die den unglücklichen Waldi festhielt?

Als Pierri und ich erfuhren, dass unser Freund gefangen war, wollten wir ihn sofort befreien. Und so liefen wir zum Hof der Schillings los, zu allem bereit, um unseren Helden rauszuholen ... Welch armseliger Held! Als wir ihn in dieser Falle der Tapferen stecken sahen, trauten wir unseren Augen nicht. Er, der schon so wenig wie ein Hund aussah, sah nun nicht einmal mehr wie er selber aus. Dieser so gütige, so kluge und so schelmische Blick, der einen alle Schönheitsfehler an ihm vergessen ließ, dieser Blick war starr und abwesend, als habe das Werk des Fleisches den Unglücklichen seiner Seele beraubt. (Tiere haben keine Seele, werdet ihr sagen. Tiere vielleicht nicht, Waldi aber schon.) Kurz gesagt, er war sichtlich überwältigt von den Geheimnissen der Fortpflanzung.

Wir wollten ihn, wenn man das so sagen darf, aus der Affäre herausholen, aber der Feldhüter hielt uns zurück; das sei nichts für uns. Wir kehrten zum Onkel Nicolas zurück. Pierri berichtete, was er gesehen hatte, und bat ihn, einzugreifen. Nicolas beruhigte ihn. Wir sollten Mutter Natur gewähren lassen, und der Waldi würde seine Freiheit wiederbekommen. Diese Mutter kannten wir zwar nicht, doch unser Onkel schien ihr so sehr zu vertrauen, dass wir ganz und gar beruhigt waren.

11. Elsässer Sauerstoff – Die verträumte Emma – Zum hungrigen Tiger – Die mysteriöse Truhe – Sarahs Bein – Stille und wenig heilige Nacht – Die knallrote Unterhose

In Gebweiler gab es ein Krankenhaus für Kinder: das „Kinderheil". Mama wurde an ihrem dreiunddreißigsten Geburtstag dort eingewiesen. Um ehrlich zu sein, ihr Fall hatte nichts mit Kinderheilkunde zu tun. Er war eher ein Rätsel. Als Papa sah, wie ihre Haare ergrauten, ihre Haut immer blasser wurde, sie an Gewicht verlor und ihr immer neue Krankheiten zuflogen, wuchsen auch seine Sorgen um ihre Gesundheit. Er vertraute sich Doktor Kleinhans an, der sie unter Beobachtung stellte und schnell des Rätsels Lösung fand. Als wir die Kranke einmal besuchten, bekam ich zufällig ein Gespräch zwischen ihm und meinem Vater mit: „Ich weiß, was Ihrer Frau fehlt", sagte der Mann in Weiß. „Ihr fehlt der Elsässer Sauerstoff."

Sofort kam mir ein Bild aus meinem Naturkundebuch in den Sinn: Es ging darin um die Atmung und es zeigte eine Maus unter einer Käseglocke, die alle Viere von sich streckte. Entzieht man einer Maus den Sauerstoff, stirbt sie durch Ersticken, stand darunter.

Sogleich befiel mich große Angst. Ich flehte Papa an, so viel Sauerstoff wie möglich im Elsass zu kaufen, damit Mama das Schicksal der Maus erspart blieb. Zunächst lachte er laut auf, doch als er bemerkte, wie sehr mich seine Heiterkeit betroffen machte, wurde er so traurig wie ich und erklärte mir, woran Mama litt und wie man es heilen konnte. Ihre Krankheit war das Heimweh und das Heilmittel die Rückkehr nach Lautenbach. Der Schangele machte einen solchen Freudensprung, dass er beinahe die Decke durchstoßen hätte. Wir würden uns also im Herrgott'schen Gasthaus niederlassen! Er sah die Familie schon vor sich, bei der Arbeit, Papa hinter dem Tresen stehend, Mama die Küche leitend, den Pierri beim Geschirrspülen und sich selbst beim Kassieren des Geldes für die Getränke.

Papa bremste seine Begeisterung. Das Café-Restaurant wurde von der Großmutter und dem Onkel Nicolas regiert. Und wenn er sich in Lautenbach niederlassen wollte, bräuchte er einen angemessenen Posten, was nicht leicht zu finden war. Ein Holzfäller brauchte zum Ausüben seines Berufs nur seine Axt, ein Schuster seinen Laden, ein Scherenschleifer seinen Schleifstein ... Ein Direktor wie er brauchte eine Fabrik, und Papa hatte sich erkundigt, im Florival gab es weniger Fabriken als Bewerber für Direktorenposten.

Was also tun? Papa hatte den Einfall, die Not seiner Frau zu lindern, indem er ihr eine Helferin und Gefährtin zur Seite stellte. Im „Kinderheil" hatte sich Mama mit der Krankenschwester, die ihren Bettensaal dort betreute, angefreundet, einer jungen Elsässerin, die sich eigentlich zu schade dafür war, die Kranken zu waschen, die Nachttöpfe zu leeren und in den Spucknäpfen das Sägemehl zu erneuern. Sie war um die zwanzig und hieß Emma.

„Emma", fragte Papa sie, „würde es Ihnen gefallen, mit uns nach Audincourt zu kommen? Sie würden meine Frau unterstützen und sich um die Kinder kümmern. Sie würden ordentlich bezahlt und wie ein Familienmitglied behandelt werden." Wie man sieht, handelte es sich um eine Anstellung als „Mädchen für alles", aber ihre Augen leuchteten auf, als hätte ein Rothschild-Sohn um ihre Hand angehalten. Sie wollte wissen, ob Audincourt ein Kino hätte. Papa gab zur Antwort, es gebe deren zwei in der Stadt. Sie schien damit zufrieden und schickte sich sogleich an, ihre Koffer zu packen. Doch als ihr Papa die Hand reichen wollte, um die Sache zu besiegeln, sah es aus, als wolle sie es sich anders überlegen: „Um ehrlich zu sein", sagte sie, „kann ich Ihnen nur ein Jahr opfern. Ich werde nämlich in Hollywood erwartet."

Papa fiel aus allen Wolken. War sie verrückt oder was? Mama beruhigte ihn, denn Emma hatte ihr alles anvertraut. Das junge Mädchen wartete auf seine Volljährigkeit, um zu seiner Patentante zu ziehen, die die Köchin und Freundin von Mary Pickford war.

Sie war reizend, die Emma. Haselnussbraune Augen, schöne dunkelblonde Haare, ein Puppengesicht und kleine, herrlich runde Brüste, die einem Lust machten, wieder zum Säugling zu werden. In Audincourt wurde ich ihre Vertrauensperson. Sie erzählte mir ihre Träume, während wir zusammen Linsen lasen oder Bohnen schälten. Ihr Lieblingsthema war das *Hangritischärr*, ein Restaurant in Los Angeles, dessen Schild einen hungrigen Tiger darstellte und von dem ich später erfuhr, dass es eigentlich *The Hungry Tiger* hieß. Wie sein Name schon sagte, war es der Befriedigung des besonders großen Hungers gewidmet. Es wurde von einem Elsässer geführt, der wie Emma in Gebweiler geboren war und seine ersten Sporen unter der Fuchtel beziehungsweise unter dem Kochlöffel der größten Köche des Oberelsass verdient hatte. Danach hatte er bei der *White Star Line* angeheuert und sich einen Weltruf an den Küchenherden der Titanic erobert. Er war dem Untergang des Luxusdampfers entkommen, indem er sich einige Wochen vor der Katastrophe von einer texanischen Milliardärin hatte entführen lassen, die Emma zufolge in seine Soßen verliebt war und wohl auch nach seinen Umarmungen lechzte. Schließlich war es ihm gelungen, sich der Fangarme seiner Entführerin zu entreißen und die Leitung des „Hungrigen Tigers" zu übernehmen, wo er die Wertschätzung und die Freundschaft der größten Feinschmecker Hollywoods errungen hatte.

Begeistert von seiner Kunst, hatte das Ehepaar Douglas Fairbanks und Mary Pickford versucht, ihn als seinen persönlichen Koch zu engagieren. Douglas hatte ihm goldene Brücken gebaut, und Mary hatte es mit ihren Augen, die sonst die ganze Welt faszinierten, an ihm allein probiert. Doch der berühmte Küchenmeister hatte die ihm angebotene Ehre abgelehnt. Warum auch hätte er nur zwei Sterne verwöhnen sollen, wenn er den gesamten Sternenhimmel Hollywoods beglücken konnte? Zum Trost des Paares erzählte er ihnen von einer elsässischen Kollegin, deren Hähnchen in Riesling den Marschall Joffre verblüfft hatte, jenen kampfesmüden Krieger, der aber ein überaus tapferer Esser war. Sie übte ihr Handwerk in einem oberelsässischen Gasthof aus; da aber eine Zirrhose ihren Gatten dahingerafft hatte und sie kein Kind von Traurigkeit war, versprach der große Chefkoch des *Hungry Tiger*, sie unter den Himmel Kaliforniens zu locken. Douglas und Mary beklatschten den Vorschlag und riefen abermals Bravo, als ihnen drei Monate später Eva Lutz, Emmas Patentante, das Hähnchen unter die Nase hielt, dessen betörender Duft den Sieger der Schlacht an der Marne beglückt hatte.

Die Hollywooddiva war von der elsässischen Köchin restlos begeistert und überließ ihr in fürstlicher Manier die Kleider, deren sie überdrüssig war, und die Unterwäsche, die sie nicht mehr anzog. Leider war Evas Korpulenz noch üppiger als Marys Großzügigkeit. Unmöglich etwa, die vier Buchstaben der einen in der von der anderen abgelegten Unterhose unterzubringen. Da entsann sich die gute Patentante ihres Patenkindes und schickte ihr ein erstes Paket mit Unterwäsche. Da aber deren Stil eher an ein leichtes Mädchen als an eine gute Fee erinnerte, wollte ihr Vater sie gleich ins Feuer werfen. Doch ihre Mutter, die sie auch gerne anprobiert, aber noch mehr Mühe gehabt hätte hineinzukommen, stellte sich dagegen.

Wenn die Höschen schon nicht für ihre Körper gemacht waren, sollten sie wenigstens ihre Seelen zum Träumen bringen ...

Die Briefe der Patentochter waren voll der Dankbarkeit, und so schickte die Tante weitere Pakete. Als Emma sich sogar traute, sie um ein Souvenir von Douglas Fairbanks zu bitten, ließ Eva ihr Schals, Krawatten und Handtaschen zukommen, dazu – sicher aus Spaß – eine scharlachrote Unterhose, von de, sie behauptete, der große Schauspieler habe sie in „Zorro reitet wieder" getragen.

Jetzt wird es Sie nicht wundern, wenn ich erzähle, dass in Emmas Zimmer eine voluminöse Reisetruhe stand, die mit zwei soliden Vorhängeschlössern gesichert war und ein großes, rotes Etikett trug, auf dem stand: Los Angeles, USA. Papa nannte sie mal die Wildwesttruhe, mal die geheimnisvolle Truhe, mal die Schatztruhe. Manchmal gab er ihr auch komplett unverständliche Namen wie „Die Büchse der Pandora" oder „Sarah Bernhardts[17] Reliquienschrein". Was war in ihr verborgen? Darauf angesprochen, antwortete Emma mit dem Lächeln einer Sphinx, sodass wir uns weiter in Vermutungen über ihren Inhalt ergingen. Einmal hörte ich, wie Papa sagte: „Da muss wohl ein ganzes Kino drin sein!" Das eröffnete mir neue Perspektiven. Für den Schangele gab es nichts Zauberhafteres, folglich also nichts Echteres als das Kino. Die Figuren, die vor ihm über die Leinwand liefen, kamen ihm genauso wirklich vor wie die, denen man auf der Straße begegnete, und glauben Sie mir, wenn einer von ihnen am Ertrinken war oder ihn die Flammen umzingelten, riss er sich aus seinem Sessel hoch, der im Übrigen nur ein Stückchen Bank war, um den Unglücklichen zu retten. Er glaubte gleichermaßen an Märchen und zweifelte keine Sekunde an, dass der kleine Däumling achtundzwanzig Kilometer mit einem Schritt zurücklegen konnte, dass sich der Zauberer aus dem gestiefelten Kater in eine Maus verwandeln konnte und die Mäuse von Perraults Aschenputtel in Apfelschimmel. So bot sich Emmas Truhe für alle Metamorphosen an, und der Schangele stellte sich vor, sie sei voll Kutschen, Bisons, Pferde, Cowboys, Sioux und Saloontänzerinnen.

Die Büchse der Pandora hingegen musste ein Scherz meines Vaters sein; was sollten denn die *Pandores*, wie man ja die französischen Gen-

---

[17] Sarah Bernhardt (1844–1923) war die berühmteste Schauspielerin ihrer Zeit. 1915 musste ihr als Spätfolge eines Bühnensturzes ein Bein amputiert werden. 1900 spielte sie in „L'Aiglon" den Sohn Napoleons.

darmen nannte, in Emmas Truhe zu suchen gehabt haben? Und auch der Reliquienschrein von Sarah Bernhardt war eine Erfindung von Papa, auch daran glaubte der Schangele nicht. Sarah Bernhardt war der Sohn Napoleons (auf der Bühne natürlich), aber obwohl sie nicht im Krieg gewesen war, hatte man ihr das Bein abnehmen müssen, und die Amerikaner hatten eine gastronomische Summe geboten (wie Papa scherzhaft sagte), um das Körperteil zu bekommen und es in Museen und auf Jahrmärkten zu zeigen. Sarah hatte das abgelehnt, ihr Bein war französisch, und in Frankreich sollte es bleiben.

Nun war die Reliquie dennoch verschwunden, und in dem von Papa ersonnenen Drehbuch hatten Douglas Fairbanks und Mary Pickford, welche von Sarah Bernhardt in der Rolle von Napoleons Sohn begeistert gewesen waren, den berühmten Sherlock Holmes engagiert, um es aufzuspüren. Es versteht sich von selbst, dass der große Detektiv des Beines habhaft wurde, denn sonst wäre er nicht der große Sherlock Holmes gewesen. Papas Hypothese zufolge benutzte er Emma, um die Zöllner reinzulegen und das Bein heimlich in die Vereinigten Staaten zu schaffen. Deswegen umhegte sie die Truhe so sehr und hatte vor, sie nach Hollywood mitzunehmen.

Da Papa diese Geschichte bei jeder Gelegenheit zum Besten gab, hatte sie schließlich Gestalt angenommen. Sie wurde umso glaubwürdiger, da Emma ihren Teil beitrug und schwor, ihre Truhe enthalte auch nicht das kleinste Stückchen von Sarah Bernhardt. „Dann zeigen Sie uns, was sie verbirgt!", forderte mein Vater beharrlich. Emma wurde puterrot, und ich begann, mir Fragen zu stellen, als ich in einer schönen Winternacht des Rätsels Lösung erfuhr.

Meine Eltern waren mit Pierri nach Mülhausen gefahren, damit man auch ihm etwas abnahm – aber nicht das Bein, sondern die Mandeln, die ihm den Hals verstopften und ihn am Atmen hinderten. Der Pierri hatte sich dort im Übrigen ziemlich übel aufgeführt. Er hatte die Schwestern als *Saukuh* und den Chirurgen als *Sauhund* beschimpft. Die Ordensschwestern waren über seine schlechten Manieren empört, doch der Mann in Weiß hatte sein Erstaunen darüber bekundet, dass ein so junges Kind so gut Elsässisch sprechen konnte.

Ich war also allein in Audincourt, allein mit Emma. Es war bitterkalt, der Doubs war zugefroren, und man konnte auf dem Rhein-Rhône-Kanal

Schlittschuh laufen. Emma hatte in ihrem Zimmer Feuer gemacht, und damit sie nicht auch mein Zimmer heizen musste, hatte sie vorgeschlagen: „Wir sollten zusammen in einem Bett schlafen, so können wir uns warmhalten." Mir fehlten noch ein paar Jahre, um diese köstliche Einladung so wertzuschätzen, wie sie es verdiente. Dennoch war ich hin und weg, und mein Herz fing an zu rasen, als sie mir versprach, ihre Truhe zu öffnen. Das Feuer knisterte lebhaft, und durch die Glimmerscheibe erfüllte der Ofen das Zimmer mit roter Glut.

„Jetzt stellst du dich an die Wand und zählst bis zwanzig. In dieser Zeit ..." In dieser Zeit holt sie die Schlüssel, wo sie sie versteckt hat, und schließt die Vorhängeschlösser auf. Während ich zähle, trällert sie: „Froufrou, froufrou, der Unterrock der Dame, froufrou, froufrou, verwirrt die Seele jedem Manne" („Froufrou, froufrou, par son jupon la femme, froufrou, froufrou, de l'homme trouble l'âme[18]). Wenn das mir gilt, so sind Mann und Seele zwar noch reichlich jung, doch verwirrt sind beide allemal.

Bei zwanzig drehe ich mich um: Die Truhe ist offen. „Schau mal!", sagt sie, als zeige sie mir den Schatz des Ali Baba. Auch wenn ich wusste, dass Papa gerne scherzte, so bin ich doch eine leichte Angst losgeworden: Das Bein von Sarah Bernhardt ist nicht drin. Doch auch die ersehnten Wunderdinge scheinen nicht drin zu sein. Zunächst sehe ich nur eine Wolke aus Unterwäsche, Spitzenzeug, Flitterkram und anderem Schnickschnack. Das macht mich nicht an, das hat keine Seele, oder vielmehr keinen Körper, also keine lebendigen Formen. Aber schon befiehlt sie mir von Neuem, mich umzudrehen. Sie trällert wieder *Froufrou*, und das passt gut, denn ich höre das Rascheln von Kleidern, die ausgezogen werden und hinfallen, sie zieht sich also aus. Das ist schon interessanter, das packt mich sogar, vor allem, weil sie nach jeder Zeile zu singen aufhört und mich ermahnt: „Dreh dich bloß nicht um!"

Also drehte ich mich um, und da sie nackt dastand, begann sie zu schreien, bedeckte ihre Brüste mit ihren Händchen, nahm sie dort aber gleich wieder weg, um ihren anderen Schatz zu verbergen, aber zu spät, ich hatte das kleine kastanienbraune Dreieck kurz gesehen, und glauben Sie mir, beim Schreiben dieser Zeilen sehe ich es noch immer vor mir ...

---

[18] Frou-frou (= Knistern, Rascheln). Populäres Chanson des Variété, von Berthe Sylva 1930 aufgenommen.

„Wenn du dich noch mal umdrehst, gehst du in dein Zimmer und bleibst dort ohne Wärmflasche und ohne Feuer," drohte sie. Die Wärmflasche und das Feuer waren mir einerlei, aber auf Emma wollte ich unter keinen Umständen verzichten. So schwor ich auf den Kopf des Pierri, an den wohl gerade der Arzt sein Skalpell ansetzen durfte, dass ich mit dem Kopf an der Wand bleiben würde, ein Schwur, der umso angenehmer einzuhalten war, als mir diverse Spiegel, die Emma nicht aufgefallen waren, erlaubten, das Schauspiel mehr oder weniger zu verfolgen.

So sah ich sie ein Hemdchen anziehen, in ein enganliegendes Korsett schlüpfen, die Büste schön spitzzupfen, eine Unterhose mit Girlandenstickerei überstreifen, das Ganze mit durchsichtigem Musselin garnieren und das Wunderwerk vollenden mit aufregenden schwarzen Strümpfen, die von noch schwärzeren Strapsen gehalten wurden, aber mit kleinen Satinrosen geschmückt waren, also so ziemlich das Unanständigste, was der amerikanische Geschmack zu bieten hatte.

Als der Schangele alles gesehen hatte, sagte Emma: „Jetzt darfst du schauen!" Er drehte sich um und alles, was seine Augen bisher nur erhascht hatten, verschlangen sie nun ganz. Er merkte, dass die appetitlichsten Stücke die Nacktesten waren: die Schultern, der Halsansatz und diese kleinen Parzellen an Haut, die sich zwischen Strapsen und Strümpfen erstreckten.

Er bekam den Mund nicht mehr zu. Er war gebannt wie im Zirkus. Da fing Emma an zu tanzen. Alles an ihr begann zu wogen, die Hände, die Arme, die Schultern, der Busen, der Bauch und, wenn sie sich umwandte, das Hinterteil, der schönste Teil der Manege. Wie er all diese Haut, all diese Wäsche sah, all diese Weiblichkeit zum Greifen nahe, spürte er, wie Schmetterlinge an seinen Fingerspitzen flatterten. Schmetterlinge, die eine unbändige Lust hatten, sich auf Emma niederzulassen.

Die Pawlowa hatte dies wohl mitbekommen, denn sie fragte: „Willst du mit mir tanzen? Willst du mein kleiner Kavalier sein?" Der Schangele wollte dermaßen, dass er seine Zunge verschluckte und mit einem Nicken antworten musste. „Gut", schloss Emma, „du wirst dich vor mir verbeugen und sagen: ‚Madame Mary Pickford, darf ich es wagen, um diesen Tanz zu bitten?'." Mit immer größerer Verwirrung wiederholte der Schangele: „Madame Marie Piquefort, darf ich es fragen, um diese Gans zu bitten?" Mary wurde ärgerlich: „Du bist zu dumm!", sagte sie. Eigentlich hielt er sich ja für gescheit und hasste es, wenn man ihn so behandelte, weswegen es ihn drängte, ihr das Kompliment zurückzugeben, um einige auserlesene Schimpfwörter ergänzt, doch er hatte solche Lust, die Schöne anzufassen, dass er ihr Begehr nun korrekt aufsagte. Mary Pickford breitete die Arme für ihn aus. Er steckte sein Gesicht zwischen ihre Brüste, krallte seine Hände um ihre Lenden und taumelte mit ihr im Kreis, wobei ihm die Blässe ihrer Haut, deren Zartheit, all die Rundungen und der weibliche Duft zu Kopf stiegen. Deodorants waren nämlich noch nicht erfunden worden, und die Frauen von damals verströmten köstlichste Wohlgerüche.

Nachdem sie ausgiebig getanzt hatten, wollte Emma sich neu in Schale werfen. Sie durchwühlte nochmals die Truhe und zog Klamotten in schreienden Farben hervor. Sie zog diese nicht nur an, sondern bat den jungen Kavalier auch noch darum, Dutzende Schnürbänder zu binden und Hunderte von Knöpfen zu schließen. Zum Schluss hüllte sie sich in ein durchsichtiges Nachthemd, durch das hindurch der Schangele die durch den Schleier vergrößerte Nacktheit wiederfand, die ihn entzückt hatte.

Anschließend holte sie aus der Truhe die scharlachrote Unterhose heraus, die Douglas Fairbanks, wie sie sagte, in „Zorro reitet wieder" getragen hatte. Sie betrachtete sie gedankenverloren und sagte dann zum Schangele: „Du sollst sie anprobieren!" Da es nach seiner Einschätzung dreier Hinterteile wie dem seinen bedurft hätte, um der Unterhose eine anständige Form zu geben, weigerte sich der kleine Kavalier, sich der Lächerlichkeit preiszugeben. Doch Emma war schon dabei, ihn auszuziehen, und während ihre Hand ihn seiner Kleider entledigte, strich sie so angenehm über seine Haut, dass sich Schangele, anstatt in den Widerstand zu gehen, für die Kollaboration entschied.

Nachdem sie ihn in die große rote Unterhose gesteckt hatte, zeigte sie auf das Bett. Er schlüpfte unter die Decke, wohin sie ihm in ihrem Musselinhemd folgte. Dann nahm sie ihn in ihre Arme, nannte ihn ihren großen Douglas und wollte wissen, ob er seine kleine Mary liebte. Das „Ja" des großen Douglas klang nicht sehr überzeugend. Gerne hätte er glühende Worte gefunden, feurige Liebesschwüre. Doch in seinem kleinen Kopf war so viel Unschlüssigkeit wie in seiner riesigen Unterhose ... Und dann müssen Sie wissen, dass er jeden Abend vor dem Schlafengehen in kluger Voraussicht seine Blase leerte ... Emmas Spinnereien hatten ihn diese

Vorsichtsmaßnahme vergessen lassen, und nun forderte die Natur ihren Tribut, und ein ganzes Krabbenkommando zwickte ihn im Unterleib ... Da war es aus mit der schönen Spielerei! Als ihn Mary Pickford mit immer größeren Wallungen darum anflehte, ihr seine Liebe zu gestehen, wurde sie vom Schangele wieder auf den Boden der Tatsachen zurückgeholt, der „Emma, ich muss mal Pipi!" sagte. Da konnte der Nachttopf noch so schöne Geräusche hervorbringen, das folgende Wasserlassen war schwerlich mit dem Rauschen eines Wasserfalls zu vergleichen.

Der Zauber war also gebrochen, die Hochzeitsnacht schnell vorbei, und als der erleichterte Schangele seine Hände zur weiteren Erkundung der Rundungen, die ihn so bewegt hatten, ausstreckte, haute ihm die ernüchterte Emma auf die Finger, schalt ihn einen kleinen Lüstling und drohte damit, seiner Mama zu verraten, dass er ihr den Hintern betatschen wollte. Er traute seinen Ohren nicht, begriff aber instinktiv, dass das, was er da hörte, das war, was sein Papa und seine Onkel die Doppelzüngigkeit der Frauen nannten, und ging sogleich zum Gegenangriff über. Mit Rachegelüsten im Knie trat er der Hinterhältigen in den Bauch, nannte sie eine dreckige Kuh und ließ sie wissen, dass er allen erzählen würde, was die Truhe enthielt. Sie zwickte ihn heftig, er versuchte ihr ein Ohr abzureißen, es quiekte mal hier, mal da, und wir waren auf dem besten Wege zu einem blutigen Kampf, doch da wurde den Kontrahenten urplötzlich klar, dass sie nichts davon hatten, die Feindseligkeiten fortzuführen.

Emma nahm den Schangele in den Arm und bat ihn um Verzeihung. Der Schangele verzieh ihr und kuschelte sich an sie. Sie herzten sich ein paar Minuten lang und schliefen dann ein wie Kinder, sie, weil sie gerade noch eines war, er, obwohl er schon kein richtiges mehr war. Diejenigen unter den Lesern, die mich für einen alten Lustmolch halten, denken sicher, ich habe diese Geschichte entschärft. Sollen sie denken, was sie wollen. Dessen ungeachtet ist der kurze Augenblick, in dem wir Mary Pickford und Douglas Fairbanks waren, eine meiner schönsten Erinnerungen. (Vielleicht gibt es in Los Angeles oder in seiner riesigen Umgebung noch eine junge Siebzigerin, die in einer Truhe aus den 1920er-Jahren den Damenschlüpfer und die scharlachrote Unterhose aufbewahrt, die diese Erinnerung belegen könnten.)

Denn tatsächlich, ein paar Monate später machte sich Emma auf, den Westen zu erobern. Papa hatte sie zum Bahnhof von Belfort gebracht, wohin ihr Vater und ihre Mutter gekommen waren, um in ihre Taschentücher zu heulen. Unsere Familie amüsierte sich lange Zeit über den Brief, den sie aus Kalifornien schickte. Darin berichtete sie von ihrer Reise, und das mit einer sehr elsässischen inhaltlichen Schwerpunktsetzung: Im Schnellzug Belfort–Paris hatte ihr ein Schweizer Fahrgast Bündnerfleisch angeboten. Im Restaurant des Bahnhofs Saint-Lazare verwöhnte sie ein normannischer Viehzüchter mit Hammelragout und weißen Bohnen. Im Zug von Paris nach Le Havre wurde sie von einem Reeder in den Speisewagen eingeladen, wo zufällig Straßburger Gänseleberpastete auf der Speisekarte stand. Dann folgte ein ausführlicher Bericht über die Bekanntschaften und die Speisen, die die Überquerung des Atlantiks aufgeheitert hatten, in welchem für ihren Geschmack zu viel Wasser war. Im Zug nach Los Angeles, in dem niemand Französisch sprach, war ein Herr zuvorkommender als der andere gewesen, und die Rinderkoteletts waren so enorm groß, dass sie über die riesigen Teller, auf denen sie serviert wurden, hinaushingen. Der letzte Teil des Briefes war fast ausschließlich dem elsässischen Mahl gewidmet, das Eva Lutz ihrer Patentochter gekocht hatte. Dafür fast nichts über Mary Pickford, außer, dass sie kein Wort Französisch sprach. Douglas Fairbanks war ebenso ungebildet, dafür aber umso weniger zurückhaltend. Jedes Mal, wenn er Emma in einem der unzähligen Winkel der Villa begegnete, betätschelte er freundlich ihr Hinterteil und sagte: *„French bum are beautiful.“* Hier geht es aber nicht mehr um den Brief, sondern um das, was mein Vater daraus machte, wenn er unter Freunden davon erzählte. In der Tat war er durchaus stolz darauf, sein Hausmädchen dem Paar aus Hollywood abgegeben zu haben. Er ließ sogar durchblicken, dass Emma ihre glänzende Stelle den Referenzen verdankte, die ihr der Direktor der Jenny-Werke ausgestellt hatte.

Der Schangele war mehrmals um die Erde gereist, insbesondere mit Jules Verne und Arnould Galopin, hatte also ein paar Brocken Englisch gelernt und wusste deshalb, dass *French* Französisch hieß und *beautiful* wunderschön. Nur das Wort *bum* war ihm noch nie begegnet, aber man brauchte bloß das Leuchten in den Augen der Erwachsenen und das Lächeln auf ihren Lippen zu sehen, für das seine Erwähnung sorgte, um zu erraten, dass es nicht salonfähig war, was den Schangele dazu brachte, es zu rehabilitieren und seinen Papa zu fragen, was denn ein französischer *bum* sei und warum er so wunderschön war und was man tun musste, um sich einen zu verschaffen. Papa war sichtlich geniert und entgegnete ihm, das sei nichts für ihn. Der Schangele war betrübt und wühlte in seinen Erinnerungen. Er kehrte in die Winternacht zurück, in der Emma für ihn getanzt hatte, und hörte sich murmeln: *French bum are beautiful*. Er hatte es also verstanden.

12. Tapetenwechsel – Das Löwenwunder – Der brennende Stuhl – Der zögerliche Folterknecht – Das Feuerbad – Das widerliche Gebräu – Die süße Medizin – Das böse Hausmädchen

Mama verkümmerte weiter, und Papa kam bei Hausmädchen auf den Geschmack. Aber nehmt euch in acht, ich werde Ihnen keine absonderlichen Dinge erzählen, Papa war ein tugendhafter Mann und ein Vorzeigekatholik, die einzigen Sünden, die ich je bei ihm feststellte, waren sein Stolz (er war stolz auf seine Jungs), ein paar Wutanfälle (über Politiker und über Feinde Frankreichs und der Kirche) und die Völlerei (die im Elsass quasi eine Tugend ist). Wenn ich sage, er kam bei Hausmädchen auf den Geschmack, so meine ich, dass es ihm gefiel, wenn seiner Frau geholfen wurde, seine Kinder versorgt waren, sein Haus in Ordnung gehalten und er selbst respektiert wurde. Also musste Ersatz für Emma gefunden werden. Er fragte einen Freund, der Pfarrer im Oberelsass war und der ihm eine Kriegswitwe empfahl, die so um die dreißig war und so gläubig, fromm und ergeben, dass sie einen christlichen Haushalt nur bereichern konnte. Einziges Problem, wenn auch unbedeutend, sie hieß Emma wie ihre Vorgängerin, was der Erbfolge einen Hauch von Ludwig XV. und Ludwig XVI. oder Pius X. und Pius XI. gab. Wir nannten sie also Emma II.

Sie strahlte Güte aus, doch war sie nicht schön anzusehen und ihre Figur weitaus weniger üppig als die ihrer Vorgängerin. Und in ihrer Truhe hätte man wohl kaum ein Spitzenhöschen oder eine knallrote Unterhose gefunden. Gleich nach ihrer Ankunft hatte sie nüchtern gerahmte Stiche aus der Bilderbogendruckerei Pellerin aus Épinal hervorgeholt und damit die Wände ihrer Kammer vollgehängt. Auf ihnen waren in mehreren Szenen die Qualen ihrer Lieblingsmärtyrer dargestellt.

Obwohl ihm die Frauen eher für das Vergnügen als für die Folter geschaffen schienen, gewöhnte sich der Schangele schnell an Emmas Universum. Von allen Martern waren ihr die der heiligen Blandina die Liebsten. In der ersten Szene stand sie aufrecht in der Arena und blickte milde zu den Löwen hin, die sie fressen sollten. Dass die Raubtiere der Heiligen zu Füßen lagen, wunderte den Schangele nicht, es mussten wohl Schweizer Löwen sein wie die aus dem Baseler Zoo, die hatte er schon ein paarmal gesehen, entweder schliefen sie oder sie waren ganz schlapp. Die zweite Szene war viel verstörender: Die Heilige saß auf einem rotglühenden Stuhl und lächelte sanft. Immer wenn er dieses Bild betrachtete, legte der Schangele unwillkürlich seine Hände schützend auf seine Hinterbacken, denn er hatte das Gefühl, dass sich dort überall Blasen und Schwülste bildeten, er konnte nicht begreifen, wie ein Hinterteil, das aus dem zartesten Fleisch bestand und mit der feinsten Haut überzogen war, das Feuer nicht spürte ... Lange hatte er sich gefragt, ob die heilige Blandina nicht getrickst hatte, beispielsweise mit Hilfe von nassen Tüchern, die sie unter ihrer Tunika verbarg ... Als er Emma II. diese Vermutung dargelegt hatte, hatte sie sich empört, die heiligen Märtyrerinnen hatten keine Tricks nötig, sie brauchten lediglich auf Gott zu vertrauen und schon stellte sich Gott zwischen sie und ihre Folterknechte. Da hatte der Schangele klein beigegeben.

Und dennoch hatte er das Gefühl, dass etwas an der Argumentation von Emma II. hinkte, und zwar deswegen, weil Gott in der nächsten Szene nicht eingegriffen hatte, wo Blandinas Peiniger, die, genervt von der Apathie der Löwen und vom Fiasko um den Stuhl, einen Stier in die Arena trieben. Wenn Emma recht hatte, hätte sich der Ewige zwischen die Brustspitzen der Heiligen und die Hörner des Tieres stellen müssen ... Doch dieser Stier musste wohl ein elsässischer Stier sein, und Stiere aus dem Elsass waren keine Schweizer Löwen, keine verweichlichten Raubtiere. Der Schangele kannte sich da aus; beim Spaziergang mit seinem Vater im Florival war er einmal über eine Umzäunung geklettert, um auf einer Wiese Gänseblümchen zu pflücken, als er plötzlich ein Paar schäumende Nüstern und eine halbe Tonne gewaltig gehörnten Fleisches auf sein rotes Hemd zurasen sah; Papa konnte gerade noch rechtzeitig über die Barriere greifen und seinen Nachkommen hinten am Hals packen. „Nur eine Sekunde später hätte ich deiner Mama nur noch Hackfleisch zurückgebracht!" Seit diesem Vorfall war dem Schangele klar, warum sich Gott nicht vor die Heilige gestellt hatte, als der Stier in die Arena polterte. Und außerdem, wenn er das Wunder der Löwen und des glühenden Stuhles wiederholt hätte, wie wäre dann Blandina wohl zur Märtyrerin geworden?

Die auf den anderen Drucken gezeigten Qualen waren kaum weniger interessant, etwa die der heiligen Cäcilia, welche zunächst von den Heiden in ein siedendes Bad gesetzt wurde, wo sie nach deren Vorstellung wie ein Hühnchen gekocht werden sollte. Aber auch da war Gott eingeschritten, und die Heilige war aus dem Kessel so erfrischt herausgeklettert, wie eine

Nixe dem Lauchsee im Florival entstiegen wäre. Man musste ihr also den Kopf abschlagen, aber da der Henkersknecht wegen Cäcilias Anmut ein wenig seinen eigenen verloren hatte, waren vier Versuche nötig, bei denen ihn Cäcilia zwischen zwei Schlägen freundlich und tröstend aufmunterte.

Ein anderes Bild faszinierte mich sondergleichen. Es war nicht aus Épinal, sondern kam aus Nürnberg und stellte den Tod dar. Man sah darauf, wie der Gevatter, der nur aus Haut und Knochen bestand, von Palast zu Hütte lief und mit der Sense auf der Schulter Königen und Holzfällern, Königinnen und Schäferinnen, Greisen und Kindern nachstellte. Man hatte den Eindruck, dass er keinen Unterschied machte unter seiner Kundschaft, doch der Schangele hatte gehört – natürlich vom Onkel Fuchs –, dass er eher die Armen und Schwachen als die Reichen und Mächtigen erwischte, schon weil es mehr von ihnen gab und auch weil sie langsamer waren; während des Krieges beispielsweise hatte er Millionen Landser mit seiner Sense umgemäht, aber nur eine verschwindend kleine Zahl an Generälen, und dabei hatte er noch gewartet, bis sie im Bett lagen. Besonders eifrig kümmerte er sich um die Elsässer, die er mal aus den Bataillonen des deutschen Kaisers holte, mal aus den Armeen der Französischen Republik.

Innerhalb der Familie hatte Gevatter Tod nicht mit dem Lichten der Reihen gewartet, bis die großen Schlachten kamen, da wusste der Schangele gut Bescheid, da man ihn jeden Abend aus seinen Spielen riss, um ihn zur Hilfe der Verstorbenen abzukommandieren, der Seelen im Fegefeuer also. Einmal in die reinigenden Flammen geworfen, konnten die armen Seelen nur mit Hilfe der Lebenden aus diesem Feuerbad entkommen. Der Bibelauslegung Papas, Emmas II. und der Gläubigen jener Zeit zufolge ließ sie jedes für sie gesprochene Gebet, jede für sie gelesene Messe um Bruchteile von Millimetern herauskommen. Wer von den Seinen vergessen wurde, blieb bis zum Hals in der Glut stecken. Wer aber unter deren ständiger Fürsorge stand, hatte irgendwann nur noch ein paar Funken zwischen den Zehen.

Aus diesem Grund versammelte sich die Familie, also Papa, Mama, der Pierri, Emma II. und der Schangele, jeden Abend zur Schlafenszeit im elterlichen Schlafzimmer vor der Jungfrau mit dem Töpfchen, einer sehr schönen Reproduktion der Geburt Christi von Grünewald, die der Schangele so nannte wegen des kleinen Nachttopfes, der neben der Krippe des

Jesuskindes Wache stand. Ein gewöhnliches Gefäß hätte sich gewiss versteckt, doch dieser da schämte sich seines Zustands nicht, er war sichtlich stolz darauf, da zu sein, er posierte richtig, er gab der göttlichen Szene eine menschliche Note.

Bevor er sich an den Rosenkranz machte, rief Papa die Toten zum Appell: „Beten wir für unsere armen Seelen, insbesondere für den Großvater Eduard, den Großvater Jean-Baptiste, die Großmutter Marie ...“ Nun folgte die lange Litanei der Onkel, Tanten, Cousins und Cousinen, dazu kamen die Verstorbenen der Woche, deren Tod uns geschmerzt hatte, der kleine Grillot, den die Dampfstraßenbahn überfahren hatte, der kleine Droz, den ein Erdrutsch unter sich begraben hatte, der Pianist des Eden-Kinos, der Pole war und tuberkulös wie viele Pianisten und wie viele Polen und den die Krankheit mit dreißig Jahren dahingerafft hatte.

Wenn er mit Emma II. alleine war, zum Beispiel wenn sein Vater und der Pierri das Wochenende, wie man damals noch nicht sagte, in Plombières verbrachten, wo Mama zur Kur war, versuchte der Schangele, die Rettung der Seelen aus dem Fegefeuer abzukürzen. So lange schon hatte man ihnen Messen und Gebete zukommen lassen, dass die Verblichenen unseres Stammes bestimmt nicht mehr in den Flammen schmorten. Emma II. stimmte zu. Sie war sogar sicher, dass diese Tante oder jener Onkel, der jung gestorben war, längst in den Himmel gekommen war. Allerdings war das noch lange kein Grund, die Rosenkränze wegzulegen. Das Fegefeuer war noch immer voller Elsässer. Emma II. zufolge machten sie die größte Fraktion jenes Ortes aus, vor allem die Oberelsässer. Weil sie zu gute Herzen hatten, um die Hölle zu verdienen, aber zu sehr der Völlerei und der Wollust frönten, um ohne Buße in den Himmel zu gelangen. Kurz, wenn es auch nicht mehr nötig schien, für die Familie zu beten, so blieb da doch die Pflicht, seinen Landsleuten zur Seelenrettung zu verhelfen.

Also musste der Schangele weiterhin mit schwacher Stimme, Kreuzschmerzen und tauben Kniescheiben Maria, die Mutter Gottes, grüßen. Dabei versuchte er, die Grüße im Laufschritt voranzutreiben, um schneller zum Ende zu kommen, aber Emma II. bremste den Takt sofort wieder herunter und ließ den Rosenkranz langsam wie einen Leichenzug weitertrippeln. Glauben Sie aber bitte nicht, dass der Schangele nicht empfänglich wäre für die Aura der Heiligen Jungfrau; ganz im Gegenteil, er ist fasziniert von ihrer roten Robe und all dem Blau, das Grünewald wie einen azurblauen Wasserfall auf sie herabkommen lässt, aber Sie wissen ja, wie Kinder so sind, vor allem elsässische Kinder: Das Einzige, was sie an diesem mystischen Gemälde wirklich interessiert, ist der kleine Nachttopf.

Allerdings braucht er es nur ein wenig länger zu betrachten, um in seiner Blase durch einen bekannten Automatismus das Drängen des kleinen Bedürfnisses zu verspüren, zu dessen Befriedigung das Behältnis dient. Das zeigt sich durch ein leichtes Zittern, das Emma sofort alarmiert. Nicht, dass sie die armen Seelen im Fegefeuer zum Teufel schickt, doch sie unterbricht ihr Gebet mitten in einem „Gegrüßet seist du, Maria", legt ihre Hand auf Schangeles Stirn, erklärt diese für heiß, schätzt das Fieber auf über vierzig Grad und zieht das Kind, um die Gefahren von Grippe, Krupphusten, Hirnhaut- und Lungenentzündung, rasender Schwindsucht und geschmücktem Leichenwagen zu bannen, im Handumdrehen aus, steckt es ins Bett und begräbt es unter einem Berg von Bettdecken. Worauf sie in die Küche rennt und mit einer Schüssel heißer Milch zurückkommt, welche mit einer bräunlichen und übelriechenden Flüssigkeit verschmutzt ist.

Der Schangele ist froh, dem Gebet entkommen zu sein, doch er hasst das abstoßende Gebräu; Emma kann noch so oft wiederholen, dass er die Wahl zwischen Milch mit Jodtinktur und dem Tod hat, er nimmt doch, ohne zu zögern, den Tod in Kauf. Emma II., bereit, ihn auch gegen seinen Willen zu retten, pendelt zwischen Drohen und Betteln hin und her und lässt sich sogar dazu hinreißen, ihm die Nase zusammenzudrücken, damit er den Mund aufmacht. Doch der Schangele ist keiner, der sich so etwas gefallen lässt, er kann auch zwicken, er kennt sogar die Stelle, die Emma zum Quieken bringt, er ergreift ihre linke Brust, verdreht sie kräftig und erreicht wie gewünscht einen Schrei und seine Ruhe plus eine unerwünschte Ohrfeige.

Doch Emma tut das sofort wieder Leid, sie übersät die geschundene Wange mit Küssen und geht wieder zum Angriff über: Was wird mit ihm geschehen, wenn er sich nicht behandeln lässt? Der Schangele kommt ihr entgegen. Soll sie doch einfach ihre Drecksmilch in den Ausguss schütten und mit einem Grog zurückkommen, das ist das einzige Medikament, dem er vertraut. „Du besch noch eina!", sagt sie und hebt die Arme hoch. „Du besch noch eina!" heißt „Du bist mir so einer!". Was für einer? Da die Redensart es nicht verrät, ist zu vermuten, dass ein Strolch, ein Taugenichts oder wahrscheinlich ein Elsässer gemeint ist. Denn nur ein Elsässer kann schlitzohrig genug sein, sich die Krankheit zu Nutzen zu machen und zu versuchen, Vergnügen daraus zu ziehen.

Es muss erwähnt werden, dass der Schangele durchaus etwas für Rum übrighat. Er mag dessen Wärme, dessen Farbe, dessen Duft, aber ihm gefällt auch das wunderschöne Antillenmädchen, dessen strahlendes Lächeln die Flasche erleuchtet, das rote Stoffband über ihrer Büste verbirgt Brüste, die groß wie Melonen sind und mit denen man schön spielen könnte.

Wenn die fromme Emma II. auch an der Wirkung des Grogs zweifelt und felsenfest daran glaubt, dass ein Mittel nur gut sein kann, wenn es bitter schmeckt, so ist sie doch zu allem bereit, um den Schangele zu erretten. Deshalb eilt sie in die Küche, um das von ihm verlangte Getränk zuzubereiten. Als sie ans Bett des Erkrankten zurückkehrt, der zum Steinerweichen stöhnt, ist dieser schweißgebadet. Sie merkt noch nicht einmal, dass sie ihn unter mehreren Bettdecken vergraben hat und dass unter einem solchen Panzer selbst bei einem Seehund die Schweißperlen in den Schnurrbart tropfen würden. Oh nein, sie ist unruhig und macht sich Sorgen. Soll sie gleich den Arzt rufen? Kann sie damit bis morgen warten?

Währenddessen schlürft der Todgeweihte gewissenhaft den von ihr gekochten Grog. Er trinkt zunächst schluckweise, denn das Getränk ist heiß, zieht aber kräftiger, als es abkühlt. Und den zufriedenen Rülpser, der am Ende zu vernehmen ist, kann man schwerlich für Schangeles letzten Seufzer halten, zumal der Schwerkranke schon „Noch einen!" brüllt und Emma das Glas hinhält. Naja, dieses Mal wird er wohl nicht sterben ...

Emma kniet am Fuß des Bettes nieder und betet leise weiter. Die toten Seelen bedürfen zu sehr der Hilfe, als dass sie sie fallen ließe. Der Schangele ist beeindruckt von ihrer Beständigkeit, doch er teilt sie nicht. Er ist zu froh, dem endlosen Rosenkranz entwischt zu sein. Im warmen Federbett, von Grognebeln glücklich umgeben, können ihm die Seelen im Fegefeuer den Buckel runterrutschen. Er ist im Himmel.

Emma II. verließ uns, um in den Dienst eines Landpfarrers zu treten. Diese Stellung entsprach mehr ihren Vorstellungen. Er versprach ihr mehr Ruhe. Der Pfarrer hatte keine Kinder, und er würde sie bestimmt nicht in die Brust zwicken oder mitten in der Nacht nach einem Grog verlangen.

Sie werden es mir nicht glauben, aber warum sollte ich so etwas Komisches erfinden? Die nächste Haushälterin hieß schon wieder Emma. Sie war ein dickes Mädchen mit einer breiten Nase, war halb so fleißig wie ihre Vorgängerinnen und aß viermal so viel. Mir fällt nicht mehr viel zu ihr ein. Was ich noch weiß, ist, dass sie große Angst vor dem Vampir von Düsseldorf hatte. Zwar befand sich das Arbeitsgebiet des berühmten Mörders hunderte von Meilen entfernt, dennoch hieß es, er habe auch in unserer Gegend zu tun. Sie war davon überzeugt, dass er sie auserkoren hatte, und so begann Emma III. quasi zu streiken, wenn es dunkel wurde, weigerte sich, einkaufen zu gehen oder gar in den Keller hinunterzusteigen. Des Nachts verbarrikadierte sie sich, indem sie eine Kommode vor ihre Schlafzimmertür schob. Einmal, als sie sich von einem schwarz gekleideten Mann verfolgt glaubte, lief sie zur Polizeistation und flehte den Wachtmeister Treuche an, den gefährlichen Halsabschneider festzunehmen oder niederzustrecken. Der Polizist ließ sich den Verdächtigen zeigen, konnte aber gerade noch rechtzeitig seine Waffe wegstecken, als er erkannte, auf wen ihr Zeigefinger deutete. Er führte die völlig aufgebrachte Frau zurück nach Hause und erzählte meinem Vater, wie er beinahe auf den Friedensrichter geschossen hätte. Das allerdings überzeugte Emma III. nicht, die weiterhin sicher war, dass sich der Vampir als Richter verkleidete, um nicht als Mörder aufzufallen.

Eine andere böse Geschichte: der Jahrmarkt von Audincourt. Meine Eltern waren nach Lautenbach gefahren und hatten uns Emma III. überlassen. „Hier sind zwanzig Francs für jeden von euch", hatte Papa gesagt. „Aber da ich weiß, dass ihr sie sofort sinnlos vergeuden werdet, gebe ich sie Emma, die sie euch je nach Bedarf geben wird." Wenn damals überhaupt ein Jahrmarkt diesen Namen verdiente, so war es der von Audincourt mit seinen Dutzenden von Karussellen und seinen zahllosen Attraktionen.

Am ersten Abend schon steuerte Emma das Ziel unserer Träume an. Sie schaute sich mit uns die Frau ohne Kopf, die Frau ohne Unterleib, die bärtige Frau, die mit zweihundert Kilo und andere Frauen an, die nicht unbedingt meinem Schönheitsideal entsprachen. Dann kaufte sie drei Karten für die Mauer des Todes, die so hieß, weil in einem riesengroßen Kreis herumfahrende Motorradfahrer nicht selten an ihr zerschellten, was zumindest die Plakate behaupteten, die auch noch durchblicken ließen, dass sich solche Unfälle mit ein wenig Glück vor unseren Augen ereignen konnten. Emma III., von diesen Aussichten angelockt, war danach schwer enttäuscht. Wir sahen auch noch ein paar in abscheuliche Gläser eingemachte Ungeheuer sowie eine Tierschau, in der ein Löwe im Pensionsalter auftrat, der Mühe hatte, Luft zu bekommen, entweder weil er einen Asthmaanfall hatte oder weil ein Knochen, der zu hart war für seine kaputten Zähne, in seiner Kehle steckte. Worauf es Emma III. zu den Losständen zog, bevor sie drei Tüten Nougat kaufte.

Es war ja nett von ihr, uns so zu verwöhnen, aber da wir nun gerne ein paar Runden Karussell und Boxauto gefahren wären, äußerte der Schangele höflich die Bitte, sein Guthaben anbrechen zu dürfen, eine Bitte, der sich der Pierri natürlich anschloss.

Emma III. schaute uns an. Waren die Herren etwa zu Scherzen aufgelegt? Wir schauten Emma an. Wollte sie uns veräppeln? Danach sah es nicht aus, denn sie stellte gleich ihre Rechnung auf: Drei Frauen ohne Kopf à zwei Francs Eintritt, das machte sechs Francs, drei Frauen ohne Unterleib à einen Francs, das machte neun, plus drei bärtige Frauen, plus drei Zweihundert-Kilo-Frauen, plus drei Mauern des Todes, drei Ungeheuer, drei Tierschauen, drei Lose und drei Tüten Nougat, das machte insgesamt zweiundvierzig Francs, zwei Francs mehr als das von Papa bereitgestellte Geld, wir lagen der armen Emma also schon auf der Tasche.

Da war der Schangele außer sich vor Empörung. Dass dieses Weibsstück, nachdem es ihnen langweilige Attraktionen aufgezwungen hatte, mit ihrem Geld auch noch ihr eigenes Vergnügen bezahlt hatte, grenzte schon an Unverschämtheit. Wie?, Was?, gab das Weibsstück zu bedenken, oblag es der Dienerin, die Herren freizuhalten, oder den Herren, die Dienerinnen zu versorgen?

Der Schangele kann jetzt nicht mehr an sich halten. Die Wut verleiht ihm den Mut eines jungen Stiers. Wie immer in solchen Situationen nimmt er Kampfhaltung an, senkt den Kopf, scharrt mit den Füßen, zielt auf den Bauch des Gegners und geht zur Attacke über, wobei er „*Dracksau*" ruft. Es gilt nämlich nicht nur, den Körper anzugreifen, sondern auch, die Seele zu treffen, und dafür taugt nichts besser als ein elsässisches Schimpfwort, will man sie mit einem Stoß durchlöchern. Man sieht es daran, dass Emma III. den Schlag in die Magengrube ohne großes Aufheben ertrug, aber die kränkende *Dracksau* nicht wegsteckte.

Als meine Eltern zurückkehrten, fing sie sie an der Autotür ab und sagte: „Ihr Sohn hat mich eine Drecksau genannt. Wenn er mich nicht um Entschuldigung bittet, verlasse ich augenblicklich das Haus." Ich sah wohl, dass Papa sie gerne beim Wort genommen und mit einem Tritt in den Hintern ins Nordelsass zurückkatapultiert hätte (sie war tatsächlich aus dem Nordelsass!). Doch ich merkte auch, dass er nicht das Risiko einer vierten Emma eingehen wollte. Er gab mir eine ziemlich spektakuläre Ohrfeige, die die Klägerin zufriedenstellte, und hieß mich, die erforderliche Entschuldigung zu erbitten. Das tat ich, warf dem Weibsstück aber einen bösen Blick zu. Einen Blick, in dem tausende von Schweinen „*Dracksau, Dracksau, Dracksau*" grunzten ... Aber es geht mir ja nicht darum, Ihnen Elsässisch beizubringen.

Man merkt, dass sie für mich nicht das Letzte, sondern das Allerletzte war. Die beiden Feiertage nach dem von der dreckigen Sau verdorbenen Abend hatten der Pierri und der Schangele mit leeren Taschen zugebracht, die karussellfahrenden Freunde vor Augen. Ihr Leid hatte Dante, Rafael und Michelangelo gerührt, die nicht die großen italienischen Meister waren, an die Sie denken, sondern Kinder von Einwanderern, die von ihren Vätern, die bei Jenny arbeiteten, mit glanzvollen Vornamen ausgestattet worden waren. Jene hatten sie auch mit Geld für den Jahrmarkt versorgt, und da die Kinder des Direktors in der Patsche saßen, hatten die Kinder der Arbeiter ihr kleines Vermögen mit ihnen geteilt.

Dennoch war der Schangele nach wie vor nicht gut auf Emma zu sprechen. Kaum war er mit ihr allein, schleuderte er ihr das unsägliche Schimpfwort ins Ohr. Wenn ihm sein Vater, bei dem sich die *Dracksau* unverzüglich beschwert hatte, dann gehörig den Kopf wusch, stritt er es entrüstet ab und beruhigte sich ein oder zwei Tage lang. Dann erfand er neue Raffinessen, schrieb das Wort auf eine Schiefertafel, rief die *Dracksau* ans Fenster und hielt ihr diese unter die Nase.

Als sie einmal unter sich waren, unternahm er es, ihr die große Arie aus Carmen, wenn auch mit einer kleinen Textänderung, vorzusingen: „*Nimm dich in Acht, Torero, 's Emma esch a Dracksau, 's Emma esch a Dracksau ...* ". Die Verhöhnte schrie darauf so herzzerreißend, dass ihr Peiniger versprach, diesen Vers nicht mehr zu singen. Er begnügte sich damit, das Motiv am Klavier zu interpretieren. So stand es Emma frei, sich den passenden Text dazu vorzustellen.

Um es kurz zu machen, der Schangele zeigte ihr eine solche Feindseligkeit und bedrängte sie so dauerhaft, dass sie noch viel verrückter wurde, als sie es am Anfang gewesen war. Da sie an schwarze Magie und Hexerei glaubte, schaffte er es mühelos, ihr einzureden, dass der Mann mit dem roten Umhang, dem unheimlichen Blick und dem leichenfahlen Gesicht am Stand der Frau ohne Kopf, der überhaupt nichts mit dem Friedensrichter zu tun hatte, ganz eindeutig der leibhaftige Vampir von Düsseldorf war. Er hatte schon so viele Verbrechen begangen, dass er aufs Ganze gehen und seinen Bestand an geköpften Frauen immer wieder erneuern konnte. Nur so ließ sich die erstaunliche Frische derjenigen erklären, die wir für dreimal vierzig Sous gesehen hatten.

Das war nun mehr als genug, um Emma III. dazu zu bringen, in ihr Dorf zurückzugehen. Niemand weinte ihr eine Träne nach. Später erfuhren wir von einem Lästermaul, dass sie die uneheliche Tochter einer Elsässerin und eines kleinen preußischen Beamten war, der das Elsass 1918 verlassen musste. Da der Deutschenhass in uns so lebendig war, schien es uns unnötig, nach einer anderen Ursache für ihre Dreistigkeit, ihre Gefräßigkeit, ihren Geiz und ihre Dummheit zu suchen. Es kam mir nicht einmal in den Sinn, dass sich der Schangele, Sohn elsässischer Eltern und französischer Superpatrioten, ebenfalls wie ein Schwein aufgeführt hatte.

13. Der Unhold aus den Wäldern – Zärtliche Kriegserinnerungen – Wiederholte Fahrtunterbrechungen – Der Klang des Waldhorns – Doppelter Schutz – Stürmische Rückkehr

Von meinem dritten Haus, welches das vom Onkel Fuchs war, behaupte ich nicht, es sei das Haus vom lieben Gott. Ich sage aber auch nicht, es sei das des Teufels, obwohl die großen Maler des Altertums, wenn sie meinen Onkel gekannt hätten, ihn eher für Mephisto als für den Erzengel Gabriel hätten posieren lassen. Er hatte den flammendsten Blick, den man sich vorstellen kann und wie ich ihn seither nur beim Fennek aus der Wüste (vulpeculus fennecus), bei Pater Pio, dem bekannten italienischen Stigmata-Träger, sowie bei meinem Freund Yvan Audouard gesehen habe.

Ich habe in den „Linden von Lautenbach" damit begonnen, meine Kindheitserinnerungen auszubreiten. Der Onkel Fuchs ist darin die alles beherrschende Figur. Ein deutscher Kritiker – man weiß, wie poetisch unsere guten Nachbarn sind – schrieb, er erhebe sich am Horizont des Buches wie der Vesuv am Horizont von Neapel. Dass man sein Büchlein mit der berühmten Bucht gleichsetzte und damit gleichzeitig andeutete, dass man ruhig sterben könne, wenn man es gelesen hatte, das ließ den alten Schangele vor Stolz erröten, doch da er nicht sonderlich eitel ist, da er also Maß halten kann, hat er sich nicht lange aufgeplustert; wie man heute sagt: Nur nicht über die Stränge schlagen.

Jedoch kann man den Onkel Fuchs ohne Weiteres mit dem Vesuv gleichsetzen. Er schaute von seiner Kraterspitze herablassend auf die Welt zu seinen Füßen hinunter, und sein Geist konnte Schwefel und Feuer speien. Vielleicht hat das schon mal jemand gesagt, aber wenn man schon einen Vulkan hat, warum sollte man ihn nicht brodeln lassen?

Vom Krieg gezeichnet – ein Landser, der sicher sein Freund geworden wäre, wenn sie sich in einer Wirtschaft und nicht im Schützengraben getroffen hätten, hatte sein Bajonett durch seinen Unterkiefer gejagt, wobei mehrere Zähne verloren gingen und sein Kinn einen tiefen Schmiss erhielt –, hatte Onkel Fuchs den Schaden behoben, indem er sich einen Bart wachsen ließ und sich einen goldenen Mund leistete, der fast ebenso viele Funken sprühte wie sein Blick.

Kein Wunder also, dass der Pierri und ich ihn für einen Unhold hielten und dass unsere Zähne vor Angst klapperten bei dem Gedanken, ihm in den tiefen Wald zu folgen. Unsere Mutter war nämlich in der Klinik und unsere Großmutter so erschöpft wie ihre Tochter, weswegen der Onkel Fuchs die beiden vorübergehend verwaisten Kerlchen abgeholt hatte.

Sobald wir vor ihm standen, der Pierri und ich, spürten wir die Angst im Bauch. Er ließ kein gutes Haar an dem, was er unsere franko-tonkinesische Erziehung nannte, und verbot uns zu weinen, einen Schluckauf zu haben, die Nase hochzuziehen, die Hände in die Taschen zu stecken und das Pronomen „was" zu gebrauchen. „Man sagt ‚was', wenn man ein Frosch ist; wenn man ein Kind mit guten Manieren ist und etwas nicht verstanden hat, sagt man ‚wie bitte' oder ‚pardon'."

Unser Angstgefühl verschwand ein wenig bei der Großmutter, wo der Onkel Fuchs eine Weile länger blieb und dabei ein paar Karaffen leerte, eine Runde ausgab und die Gäste beleidigte, die im Übrigen ein merkwürdiges Pläsir zu haben schienen, wenn er sie als Volltrottel, Rückständige oder mehrfach betrogene Männer beschimpfte, Letzteres erstens als Ehegatten und zweitens als Wähler des Nationalen Blocks[19].

Er erzählte aber auch vom Wald, von seinen Hirschen, Rehen und Hirschkühen, und das mit einer Ehrfurcht und einer Liebe, die sonderbar mit den Beschimpfungen kontrastierten, mit denen er gerade die Zweibeiner überschüttet hatte. Schließlich packte er seine Kriegserlebnisse aus, doch es waren keine Geschichten aus den Schützengräben mit den üblichen Feuerbädern, Schlammschlachten, Leichenbergen und Läusen zum Abwinken, nein, er sprach von den Gräfinnen, die ihn in polnischen Krankenhäusern gepflegt hatten und deren Hinterteil – der Pierri und ich trauten kaum unseren Ohren – das Schönste war, das er je gesehen, und das Zarteste, das er je auf dieser Welt berührt hatte. Ich weiß, ich habe Ihnen schon davon berichtet, aber es war das erste Mal, dass mein Bruder und ich derartige Geheimnisse erfuhren, und da bin ich wie der Onkel Fuchs, ich lasse ungern eine Gelegenheit aus, die Schönheit zu preisen.

Großmutter, die uns gähnen sah, was uns jedoch nicht davon abhielt, die Ohren zu spitzen, ermahnte den Onkel Fuchs, doch an die Seelen zu denken, die ihm anvertraut waren, also nach Hause zu fahren, ohne an den Wirtshäusern, die den Heimweg markierten, Zwischenstopps einzulegen.

---

[19] Bloc National, Koalition rechter Parteien, die bis 1924 an der Regierung war und dann auseinanderbrach.

Der Onkel versprach hoch und heilig, direkt heimzufahren und uns ins Bett zu stecken, falls sein Automobil ihn nicht im Stich ließe.

Doch das Automobil tat seine Pflicht, es ließ ihn just vor dem Café „Pavie" im Stich, wo der Onkel Fuchs lange gegen den Durst trank und dabei aus dem Stegreif eine neuerliche Rede über die slawischen Reize und den Betrug an Ehemännern und Wählern hielt. Je mehr er trank, desto mehr musste er reden, und je mehr er redete, desto größer wurde sein Durst. Doch irgendwann erinnerte er sich an das Versprechen, das er der Großmutter gegeben hatte, durchbrach den Teufelskreis, und wir kehrten zum Wagen zurück, an dessen Motor er sich lange zu schaffen machen musste, bevor er bereit war weiterzufahren.

Dann sah er, dass bei seinem Freund Murat noch Licht brannte, obwohl es schon nach Mitternacht war, vermutete, dass etwas nicht in Ordnung war, und beschloss anzuhalten. Von Murat erfuhr er, dass dessen Schwiegermutter plötzlich gestorben war. Was allerdings kein Grund war, den Riesling abzulehnen, den ihm sein Freund anbot. Ein Riesling, dessen feines Bouquet ihn zu einer ernüchternden Rede über die Vergänglichkeit des Lebens und das Fehlen eines Mittels gegen den Tod anregte. Nachdem er sein Glas auf die ewige Ruhe der Verstorbenen erhoben hatte, verabschiedete er sich von den Lebenden, und wir fuhren weiter.

Und da begann der Onkel Fuchs, beflügelt durch die milde Sommernacht, den „Postillon" von Lenau aufzusagen. Er tat das auf Deutsch, eine Sprache, die der Schangele nie gelernt hatte und in die er hineingeriet wie ein Schiff, das ins Meer geworfen wird. Natürlich ging er nicht unter, denn er sprach ja perfekt Elsässisch, doch hätte er nie geglaubt, dass er sich so gut über Wasser halten würde. Gewiss, da waren Wörter, die er nicht verstand, doch der Zauber der Poesie und der Klang der Verse ließen ihn deren Sinn erahnen, und er lauschte hingerissen den Worten des Gedichts. Es beginnt in einer lieblichen Maiennacht, die Postkutsche trägt den Dichter von Dorf zu Dorf, er besingt die Silberwölklein, die unter dem Mond fliegen, das Lüftchen, das über das schlummernde Land zieht, all die Musik und die Düfte dieser Frühlingsnacht. Und der Postillon, der lässt die Geißel knallen, die Rosse traben, sein Horn erschallen, seine Freude erklingen ... Plötzlich taucht inmitten der nächtlichen Wonne ein Kirchhof auf. Die Kutsche hält, der Postillon steigt ab und bittet den Dichter um Nachsicht: Dort liegt sein Kamerad in seinem kühlen Grab, „ein herzlieber

Gesell, Herr, 's ist ewig Schade, keiner blies das Horn so hell, wie mein Kamerade." Dann setzt der Postillon sein Instrument an und bläst dem unterm Rasen Ruhenden sein Leiblied. Der Klang des Horns erschallt als Echo vom Berg herunter wie die Antwort des entschlafenen Gefährten.

An jenem Abend, an dem ich zum ersten Mal den Postillon vom Onkel Fuchs hörte, hielt er vor dem kleinen Friedhof von Linthal an und sagte unter dem Einfluss von Gemütszustand und Riesling: „Schangele, du musst mir versprechen, dass du, wenn ich tot bin, auf meinem Grab das Horn bläst." Der Schangele versprach es, und der Onkel legte brüderlich seinen Arm um ihn.

Plötzlich waren fröhliche Klänge aus dem Gasthaus Riethmuller zu vernehmen. Dem Onkel Fuchs fiel wieder ein, dass man dort eine Hochzeit feierte. Er hielt an, um nachzusehen, ob man wie in Kanaan den guten Wein bis zum Schluss aufgehoben hatte. Zunächst grüßte er alle, will sagen, er hatte für jeden eine Beleidigung parat, äußerte Zweifel an der Tugend der Braut und ließ keinen Zweifel an der Verschwendungssucht des Bräutigams, am Unglück der betrogenen Ehemänner, an der Knauserigkeit der Geizhälse oder an der Unmäßigkeit der Trunkenbolde aufkommen. Die Lachsalven, die er hervorrief, waren ehrlich und offen, doch wenn man ihn fragte, warum er die von ihm erzeugte Heiterkeit nicht teilte, gab er zur Antwort, dass man über seine Offenbarungen lachte, um glauben zu machen, sie seien erfunden, und dass er selbst nicht darüber lachte, weil er wusste, dass sie wahr waren.

Und dann kam die Rückkehr nach Dauvillers unter einem apokalyptischen Gewitter. Der Onkel Fuchs fuhr auf gut Glück und war froh, wenn er sah, dass die alte Kiste noch auf der Straße war, nachdem Blitze die Finsternis erhellt hatten, als uns die Vorsehung – oder vielleicht der Teufel, wer weiß – vermutlich das Leben rettete, indem wir eine Panne hatten. Der Motor begann zu stottern, als wir an einer Hölle genannten Schlucht entlangfuhren, und soff direkt über dem Abgrund ab. Der Onkel ließ die zwei Seelen, die ihm anvertraut waren und die um ein Haar ihren Leib verlassen hätten, aussteigen, dann schoben wir unter einem Weltuntergangsregen das Automobil unter die Felsen, suchten dicke Steine, um die Räder zu unterkeilen, und unter aufflammenden Blitzschlägen und dem ins Tal rollenden Donner stapften die drei Kameraden dem Forsthaus entgegen.

Sie erreichten es, als die Kuckucksuhr vier Uhr morgens rief. Tante Nini, die seit dem Abend auf sie gewartet hatte, reckte die Hände zum Himmel, als sie sah, wie das Wasser aus ihren Kleidern auf die Fliesen triefte. Sie schrie: „*Mon Dieu*, was hast du denn mit diesen Kindern gemacht?" Da gab der Onkel diese Antwort, die den Schangele mit Stolz erfüllte: „Liebe Frau, ich glaube wohl, dass ich Männer aus ihnen gemacht habe!"

Tante Nini, die die Schwester von Mama war, zog ihren Neffen die Kleider aus, trocknete sie ab, rieb sie warm, gab ihnen heiße Milch mit Honig zu trinken und steckte sie unter dicke rote Daunendecken. Zwischendurch ließ sie sie allein und wusch ihrem Mann den Kopf, doch der zeigte sich den ehelichen Gewittern gegenüber ebenso gleichgültig wie dem Toben der Elemente. Dann kehrte sie wieder zurück, um ihre Neffen zu betütteln, und bedauerte sie von ganzem Herzen dafür, einen so unwürdigen und verdorbenen Onkel zu haben. Indes wiegte sich der Schangele in sanfter Glückseligkeit. Er war nicht nur entzückt, eine Tante zu haben, die ebenso schön und lieb war wie seine Mama, sondern auch stolz darauf, einen Onkel zu haben, der so hübsch vom Hinterteil der Damen sprach und seine Freunde so schön derb beschimpfte.

14. Rhapsodie in Grün – Ein eiskalter Blick – Die Freuden der Gehenkten – Aufwärmung

Am nächsten Morgen, also gegen zwei Uhr am Nachmittag, als er aufwachte, lernte der Schangele sein drittes Haus kennen: ein schönes weißes Schiff, das in einem grünen Hafen vor Anker lag, welcher ringsum von den dunklen Klippen des Waldes umgeben war. Ja, es war eine Rhapsodie in Grün: das tiefe Grün der Tannen, das zarte Grün der Lichtung, das helle Grün der Obstbäume und das mehr oder weniger an Spinat erinnernde Grün der Bewohner des Ortes. Denn grün war die Försteruniform von Onkel Fuchs, grün war das Kleid von Tante Nini, grün waren die kurzen Hosen, das Röckchen und die Unterwäsche von Cousin Hubert und Cousine Viola, grün waren schließlich auch das Kleid und die Schürze, worunter Anita, das Hausmädchen, die Schätze ihrer sechzehn Jahre verbarg ... Schon ein halbes Jahrhundert vor den Grünen segelte der Onkel Fuchs unter grüner Flagge, und sein Haus erschien wie von Chamäleons bewohnt. Einzig die Kuh, die Schweine, die Hühner, der Pierri und ich fielen aus dem Rahmen. Doch Tante Nini strickte uns grüne Pullover, und schon bald darauf nahmen auch wir die ortsübliche Farbe an.

Gerade sitzen wir am Tisch, eine Serviette um den Hals. Obwohl es vierzehn Uhr ist, werden wir nicht etwa zu Mittag essen, sondern erst einmal frühstücken. „Das kommt davon, wenn man wie Nachtschwärmer schläft", meinte Tante Nini schmunzelnd. Da wir ordentlich Hunger haben, rechnen wir zwar nicht mit Rationierungsmaßnahmen, aber doch mit gewissen Einschränkungen. Aber was kommt da auf den Tisch? Frisch gelegte Eier, in kleine Würfel geschnittener Speck, Quark, Butterbrote, bestrichen mit dem dunklen Honig, den die elsässischen Bienen dem Wald entlocken ... Als sie sieht, wie freudig wir über das, was sie offensichtlich für ein karges Mahl hält, herfallen, meint sie, uns versichern zu müssen: „Heute Abend werdet ihr was Besseres essen", sagt sie. Der Schangele hört, wie tief in ihm eine Stimme ruft: „In diesem Haus wird es uns bestimmt nicht schlecht ergehen!"

Er fragt nach dem Hausherrn. Tante Nini legt einen Finger an ihren Mund. Der Hausherr ruht sich im Zimmer nebenan aus. Bevor er sich hinlegte, wollte er unbedingt noch einen Spaziergang im Wald machen und war erst im Morgengrauen zurückgekehrt. (Ich vermute, er war vor dem

Gezeter seiner aufgebrachten Gattin geflohen, und als er im ersten Tages-
licht ins eheliche Lager zurückkam, hatte er wohl, inspiriert durch das
Krähen des Hahns, den Zwist durch Annäherungsversuche wiedergutge-
macht.)

Der Schangele sah den Hausherrn erst beim Abendessen wieder. Doch
der Hausherr schien den Schangele nicht zu sehen. Der Junge war ganz
zappelig zu Tisch gekommen, begierig, die gemeinsam verbrachte Nacht
Revue passieren zu lassen, die Ansprachen an die betrogenen Ehemänner,
die schöne Geschichte des Postillons, sogar die geheimnisvollen Reize der
polnischen Gräfinnen, all das also, was man sich unter Kameraden so
erzählen kann ... Aber als die Tür aufging und der Onkel erschien, brachte
er eine große Kälte mit ins Zimmer. Viola und Hubert stellten sich auf
Zehenspitzen, um ihren Vater zu küssen, der Pierri und der Schangele
taten dasselbe, doch der Vater nahm seine Kinder nicht wahr, und der
Onkel sah seine Neffen nicht an, er nahm seine Serviette und wischte die
Kussspuren der Kinder aus seinem Bart. Dann setzte er sich an den Tisch
und begann schweigend zu essen, den Blick auf den Wald gerichtet.

Erneut drängte es den Schangele, mit ihm zu plaudern, ihn an das
gemeinsam Erlebte zu erinnern, an das von ihm gegebene Versprechen, an
seinem Grab das Horn zu blasen, es war unumstößlich, dass er das Instrument lernen und mit noch mehr Inbrunst als der Postillon spielen würde.
Doch er erkannte schnell, dass sein Freund der letzten Nacht nichts mit
dem Onkel am Tag gemein hatte, und so aß er ebenfalls schweigend weiter.

Gott sei Dank trösteten ihn das Forsthaus und seine Umgebung schnell
über die Verachtung des Onkels hinweg. Wie die Fabrik in Audincourt war
es ein idealer Ort, um Postkutschen zu überfallen und mit Indianern zu
kämpfen. Das Haus war eine großartige Ranch, die Lichtung stellte die
weite Prärie dar, und die Lauch war der Rio Grande, um nicht zu sagen der
Mississippi. In Gestalt der alten Hirschel, der Kuh von Onkel Fuchs, stand
uns überdies ein Tier zur Verfügung, das dann zum Büffel erhoben wurde.
Ach, was sage ich denn? Zum Büffel? Sie ersetzte gleich eine ganze Herde;
man kann sich vorstellen, dass, wenn unsere Fantasie eine elsässische Kuh
so leicht in einen amerikanischen Wiederkäuer verwandeln konnte, es für
sie ein Kinderspiel war, das so geschaffene Tier zu vermehren. Mein Bruder Pierri und Vetter Hubert waren die Banditen, gegen die ich mit einem
Spielzeugrevolver mit Korken kämpfte. Hubert hatte die wenig beneidens-

werte Gabe, Wespen anzuziehen. Diese stachen ihn allzu gerne in zarte Körperregionen, besonders in die Wangen, die unmäßig anschwollen, ihm die Augen verschlossen, die Nase verformten, den Mund verzerrten und ihm die Fratze eines George Bancroft oder eines Wallace Beery verpassten, nur tausendmal schlimmer. Es war ein wahres Vergnügen, ihn zu verfolgen, ihn festzunehmen, ihn seine Verbrechen gestehen zu lassen und ihn an einem Apfelbaum aufzuhängen.

Die Sommerferien begannen erst Ende Juli. Hubert und Viola gingen in dem Dörfchen Sengern zur Schule, eine Meile von Dauvillers entfernt. Dorthin hätten wir eigentlich auch gehen sollen, der Pierri und ich. In Audincourt verstand Papa keinen Spaß, wenn es um die Schule ging, es brauchte schon mindestens eine schwere Lungenentzündung oder eine mittlere Überschwemmungskatastrophe, um den Unterricht zu verpassen. Im Elsass, wenn wir aufgrund von Mamas Gesundheitszustand bei Groß-mutter oder bei Onkel Fuchs untergebracht werden mussten, verstieß er dagegen ungeniert gegen die gesetzliche Schulpflicht, da seiner Meinung nach die Beobachtung des Himmels, der Natur und der Tiere sowie die Gesellschaft der Elsässer die Schulstunden bei Pater Hintzy bei Weitem aufwogen.

Natürlich gingen ihm, dem frommen französischen Patrioten, die Gott-losigkeit und die Deutschfreundlichkeit des Onkel Fuchs gegen den Strich, doch neben den Fehlern seines Schwagers erkannte er auch dessen Auf-richtigkeit und Großmut, ja gar sein immenses Wissen, die mit ein paar Abstrichen unseren jungen Geistern nur förderlich sein konnten.

Nachdem ihn der Onkel einige Tage eiskalt ignoriert hatte, legte sich sein Blick erneut auf den Schangele. Ein Blick, der ihm noch tags zuvor Frostbeulen beschert hatte, in dem nun aber wieder jene innige Zuneigung aufflammte, die ihm in der Gewitternacht so sehr das Herz erwärmt hatte. „Geh dich schön machen, ich will dich dem Florival vorstellen." Der Neffe begriff sofort, dass es nicht darum ging, dem Schangele das Tal zu zeigen, sondern darum, den Schangele dem Tal vorzustellen.

Tante Nini versuchte, das zu verhindern, einmal weil sie von Natur aus widersprach, dann aber auch weil sie sich immer Sorgen machte und der alte Renault des Onkels Fuchs die leidige Angewohnheit hatte, den Plata-nen an den Hals zu springen, in die Lauch zu fahren oder sich auf den Äckern zu überschlagen.

Der Schangele hätte sich gerne zweigeteilt, um mit seinem Onkel mitzugehen und gleichzeitig bei seiner Tante zu bleiben, doch er musste sich entscheiden. Also gab er seiner Tante einen artigen Kuss, um ihr zu zeigen, wie ungern er sie verließ, und stieg in das Auto des Onkels, dem er dadurch bedeutete, wie stolz es ihn machte, ihm zu folgen.

Es liegt mir fern, Schlechtes über meinen Onkel zu sagen oder dadurch das ehrenwerte Korps der Forstbeamten vor den Kopf zu stoßen, aber ich glaube, sagen zu können, dass seine Arbeit nicht über die Maßen anstrengend war. Ich habe viele seiner Tätigkeiten mitbekommen, die Ausfahrten im Automobil, die Wanderungen im Wald, die Meditation unter den Bäumen, den Umgang mit den Tieren, die Pausen in den Wirtschaften, die Reden an die Zecher und vieles mehr an Spannendem, doch habe ich ihn nie bei einer Arbeit überrascht. Wenn ich darüber nachdenke, weiß ich noch immer nicht, was eigentlich seine Funktion war. Im kleinen Kopf des Schangele hütete ein Förster Bäume, und da Letztere nicht gerade zum Umherstreunen neigten, konnte es auch nicht sonderlich ermüdend sein, sie im Auge zu behalten.

Mit seiner flotten Erscheinung, seinem wachen Geist, seiner sprühenden Intelligenz und seinem starken Charakter hatte der Onkel Fuchs alle Voraussetzungen für eine glänzende Karriere. Da durch den Aderlass von 14–18 die allerbesten Stellen frei waren, hatte man ihm einen mehr oder weniger führenden Sessel in der Wasser- und Forstverwaltung angetragen. Er hatte dieses Angebot höflich abgelehnt und die leitenden Stellen gebeten, die Sitzgelegenheit für ein Hinterteil freizuhalten, das stärker am Ausbrüten von Rundschreiben und an Baumpflanzungen auf dem Papier interessiert war als seines. Ihm war ein kleiner Posten tief im Wald lieber als eine großartige Stellung weit weg davon.

Der Schangele sitzt nun rechts neben seinem Onkel im Auto, das Richtung Gebweiler rollt, und wartet darauf, dass er den Mund aufmacht. Doch im Grunde stört ihn das Schweigen nicht. Er ahnt, dass es voller Worte ist, die der Onkel für ihn bereithält. Er hat sich selbst ein paar zurechtgelegt, für den Fall, dass er etwas sagen durfte.

„Schangele", sagt der Onkel plötzlich, „möchtest du eigentlich mal großwerden?" Der Schangele antwortet, ohne zu zögern: „Aber ja, Onkel Fuchs!" – „Tja, das ist keine gute Idee", meint der Onkel. Der Schangele ist bestürzt, und das umso mehr, als sein Wunsch, groß zu werden, nicht allzu groß ist. Denn wenn man eine Mama, einen Papa und einen Onkel Fuchs zu den Seinen zählt, macht es überhaupt nichts aus, klein zu sein.

„Das ist keine gute Idee", wiederholt der Onkel Fuchs, „warum willst du denn groß werden? Wofür? Wozu?" Der Schangele hat da nicht allzu originelle Vorstellungen. Er möchte gerne Napoleon oder Marschall Foch werden. Doch er spürt, dass das nicht die Antwort ist, auf die der Onkel wartet. Aber was soll er sagen? Da fällt ihm etwas ein: „Lindbergh." Der Onkel Fuchs will wissen: „Wer ist das denn?" Der Schangele antwortet: „Das ist der fliegende Narr!" Da fällt es dem Onkel Fuchs wieder ein. „Ach ja! Und du willst närrisch werden?" Der Schangele beißt sich auf die Lippen, er hat Angst und sucht fieberhaft nach einer Antwort, die dem hohen Ansehen würdig ist, das er beim Onkel Fuchs zu genießen scheint. Förster? Das riecht zu sehr nach Einschmeicheln. Postillon? Das gibt es nicht mehr. Pole, um sich der Betrachtung der prächtigen Gräfinnen hinzugeben? Das würde sich nicht schicken.

Also besinnt er sich auf etwas anderes: „Ich weiß nicht so recht, ob ich überhaupt groß werden will." Der Onkel nickt: „Jaja, du bist schon wie die Erwachsenen, du weißt nicht, was du willst! Pass auf, ich will dir einen Rat geben. Werde nicht erwachsen, Schangele, werde nicht erwachsen! Wachse ruhig so viele Zentimeter, wie du möchtest, werde meinetwegen eine Giraffe, aber lass deinen Ehrgeiz nicht wachsen, halte deine Gier zurück, Suche auch nicht das Glück an der falschen Stelle. Denke an die Dichterworte: Wenn du weite Wege gehst, über die Meere reist, dann findest du neue Himmel, aber keine neue Seele. Das Glück liegt im Florival, mein Neffe ... Allerdings, wenn du klein in der Gier und im Ehrgeiz bleibst, sollst du groß an Wert werden. Und für den Anfang werden wir dich nicht mehr Schangele nennen, dieser Vorname ist zu süß für dich. Du brauchst jetzt einen Männernamen. Jean ist schon gut. Doch den kann man noch männlicher machen, man braucht nur seine deutsche Form zu nehmen, Hans – das klingt wie der Ruf der Holzfäller. Von nun an sollst du der Hans sein, der Hans aus dem Florival. Also vergiss es nicht, im Florival liegt es, das Glück."

Später, viel, viel später, als ich mir bei den angesagten Meisterphilosophen ein kleines Notfallköfferchen an Philosophie zusammengestellt hatte, fand ich diese Weisheit ein wenig mau. Bis zu dem Tag, an dem ich dieselbe Weisheit aus der Feder von Giono wiederentdeckte: „Alles Glück der Menschen liegt in kleinen Tälern",[20] sagte der Weise aus Manosque, etwa zwanzig Jahre nach dem von Dauvillers.

---

[20] Jean Giono, Jean le Bleu, Paris 1932; zitiert nach der dt. Taschenbuch-Ausgabe: Jean der Träumer, München 1998, S. 218.

15. Das Theater im Gasthaus – Ehre sei den Hahnreien – Vorstellung des Hans – Loblied auf das Wasser – Unfälle und Wunder – Der geliebte Wald

Gott ist überall, alle Gläubigen sagen das, doch in den Kirchen erreicht er das Maximum an Präsenz. Im Florival und für den Onkel Fuchs traf das in gleicher Weise für das Glück zu, es war im ganzen Tal zuhause, erreichte aber in den Gasthäusern die höchste Konzentration. Unsere Pilgerfahrt begann also bei Fischer, wo die Rieslingpause alle durstigen Kehlen der Nachbarschaft versammelt hatte. Der Einzug des Onkels in einen Bacchustempel war immer ein besonderes Ereignis. Sein Blick war voller Feuer, sein goldenes Maul funkelte, und man kann sagen, dass er sofort den ganzen Saal entflammte.

„Darf ich vorstellen, das ist der Hans, mein Neffe", sagte er. „Er ist nicht der *Hans im Schnokeloch*, der nicht weiß, was er will. Er ist der Hans aus dem Florival. Er weiß, wo sich das Glück befindet, stimmt's, Hans?"

Der Hans aus dem Florival setzte einen Kennerblick auf, er war nicht wenig stolz, dass alle Augen auf ihm lagen und dass alle dem König entgegengebrachten Huldigungen auf den Pagen abfielen. Nach der Begrüßung legte der Onkel sogleich los und verteilte seine Beschimpfungen und seine Weisheiten. Es wurde gelacht, dass sich die Balken bogen, und man war gespannt, wer das meiste Schenkelklopfen auslösen würde, der Eifersüchtige oder der Lackaffe, der Geizhals oder der Trunkenbold, der Faulenzer oder der Hahnrei.

Der Schangele fiel in die allgemeine Heiterkeit mit ein, und er begriff mit einem Mal, warum die Opfer des Onkels sich so gerne beschimpfen ließen; es war, weil er ihnen in aller Freundschaft die Leviten las und weil es für manche Menschen keine schönere Art der Zuneigung gab als diese grobe Sympathie.

Ich will mich nicht selbst loben, aber der Schangele war schon ein schlaues Kerlchen, der Onkel Fuchs beleidigte seine Kumpane ordentlich, weil er sie ordentlich gern hatte, und das, weil er sie ordentlich gut kannte, er kannte nicht nur die Laster und die Schwächen seiner Opfer und Freunde, sondern auch deren Unglück, deren Not, deren Leiden, deren Gebrechen, deren Warzen, deren faule Zähne, deren schlechten Atem, alles, was sie abstoßend oder liebenswert machte, in all das ließ er sie ihre Nase stecken und über all das brachte er sie zum Lachen ...

Wenn er eine Wirtschaft betrat, wurde die ganze Wirtschaft zum Theater, und nicht wenige der Zecher blieben noch etwas länger in der Schankstube, wenn sie wussten, dass er in der Nähe war, in der Hoffnung, ihn bei einer seinen improvisierten süß-sauren Possen, in die er seine fröhliche Ironie legte, zu erleben. An jenem Abend beglückwünschte er den Virgile dazu, dass ihm so oft Hörner aufgesetzt wurden. Das war ein Glücksfall für einen Ehemann, denn es bewies, wie schön und begehrenswert seine Frau war. In diesem Saal waren Bürger, die keine Gefahr liefen, je Hörner aufgesetzt zu bekommen, denn wer würde schon die Vogelscheuchen, die sie geheiratet hatten, anrühren? Ja, es war eine Gnade, Hahnrei zu sein, denn es machte einem nicht nur die Frau glücklich, sondern bereicherte auch den eigenen Freundeskreis.

Dem Schangele war so manches Argument etwas zu hoch, doch er lachte munter mit, und wenn der Blick des Onkels mal wieder auf ihn zurückkam, wusste er sofort, was er meinte. Es kam ihm vor, als würde sein linkes Auge sagen: „Schau mal, wie dämlich sie sind", und das rechte ergänzen: „Schau mal, wie anständig sie sind!"

Worauf Wirtschaft und Theater gewechselt wurden. Daran fehlte es ja nicht im Florival, und in allen war der Onkel Fuchs willkommen. Er suchte weiter nach der Glückseligkeit, dieses Mal, indem er die Mitglieder der Regierung aufs Korn nahm, man weiß ja, wie glücklich es macht, auf Politikern herumzutrampeln ... Wieder woanders zog er das Publikum und allen voran den Schangele, also den Hans, in seinen Bann, indem er von seiner Geliebten sprach, also dem Wald, insbesondere wenn der Riesling bei ihm den Gefühlen Tür und Tor öffnete. Er pries dabei auch seine Freunde unter den Hirschen, Rehen und Wildschweinen ... Es kam sogar vor, dass er in der letzten Kneipe ein Loblied auf das Wasser sang. Vielleicht, um die Gefahren zu beschwören, denen uns seine Vorliebe für den Wein bald aussetzen würde, auch wenn diese Vorliebe bei ihm Teil einer höheren und brennenderen Leidenschaft war, der für die Wahrheit.

Denn in der Tat, in dieser Nacht nickte der Onkel Fuchs auf dem Heimweg mal kurz am Steuer ein. Das Automobil kam darauf unvermittelt von der Straße ab und überschlug sich auf einer Wiese. Dank seinem dicken Panzer trug es nicht den geringsten Kratzer davon. Der plötzlich erwachte Onkel fragte: „Bist du noch da, Hans?" Der Hans beruhigte ihn mit einem Ja. Der Onkel sagte: „Ich glaube, es wäre keine gute Idee, wenn wir in einem Fahrzeug mit den Rädern in der Luft blieben. Das ist ungemütlich und würde uns nichts bringen."

Da das Automobil mehr von einem Wohnzimmer als von einem Käfig hatte, konnten sich die Verschütteten leicht daraus befreien. Der Onkel legte dem Neffen die Hand auf die Schulter und sprach: „Denke an das, was ich dir gesagt habe, Hans, das Glück liegt im Florival. Aber es ist vielleicht keine gute Idee, es weiter mit dem Auto suchen zu gehen ..." Wir machten uns zu Fuß auf den Heimweg. Als Tante Nini um drei Uhr morgens meine zerschundene Stirn, meine blutende Nase und meinen leicht hinkenden Gang erblickte, schrie sie wieder zum Himmel, bezichtigte den Onkel Fuchs des versuchten Mordes an der Person seines Neffen und ging sogar so weit, dem Schangele eine Mitschuld vorzuwerfen, da er ja bereitwillig in das Auto des Mörders eingestiegen war. „Dieses Mal erzählst du mir aber nicht, dass du einen Mann aus ihm gemacht hast," entrüstete sie sich. Aber natürlich würde er es sagen, und der Beweis dafür, dass der Hans ein Mann und seine Tante ein Weichling war, sei, dass zwar er verletzt war, sie aber die war, die schrie.

In Wahrheit hätte sie sogar noch mehr schreien können, wenn sie bemerkt hätte, dass auch der Onkel Fuchs lila Flecken im Gesicht hatte und Blut in seinem Bart klebte. Doch schien sie dem keine Beachtung zu schenken, vermutlich weil sie von den vielen Wunden und Beulen, die der Krieg und das Automobil ihrem Mann beigebracht hatten, abgestumpft war. Es passierten noch etliche weitere Unfälle. Es geschahen aber auch Wunder.

Eines Abends, als der alte Renault an der Schlucht entlangfuhr, die den etwas übertriebenen Namen Hölle trug, zwang ein auf die Straße gefallener Felsbrocken den Onkel Fuchs zu einem Ausweichmanöver auf den Abgrund zu. Er bremste so stark, dass wir gerade noch an der Felskante zum Stehen kamen. Ein Vorderrad hing schon in der Luft, und wenn der Onkel, der des Öfteren Vorwärts- und Rückwärtsgang verwechselte, sich beim Schalten vertat, würde er den elsässischen Zeitungen ein paar schöne Katastrophenfotos bescheren. Außer dem Fahrer und meiner Wenigkeit war das Auto mit Tante Nini, Hubert und Viola besetzt, die sich beeilten, das Schiff zu verlassen, bevor es kopfüber unterging. Der Hans blieb ungerührt sitzen. Er wusste, dass sein Schutzengel auf ihn aufpasste, und da er den Verdacht hegte, dass der Onkel mehr oder weniger unter dem Schutz des Teufels stand, fühlte er sich doppelt sicher. Deswegen antwortete er dem Onkel auf dessen Frage, ob er denn keine Angst habe, mit: „Nicht mit euch, Onkel Fuchs!" Der Onkel ergriff den Hebel und trat auf das Gaspedal. Der alte Renault ließ ruckelnd ein höhnisches Kichern ertönen und zog sich langsam vom Abgrund weg. Da legte der Onkel dem Hans die Hand auf die Schulter und sprach: „Schangele, dein Glaube hat uns gerettet."

Es passierte aber ein noch schlimmerer Unfall, als der alte Renault eines Tages in die Lauch stürzte. Der Kopf des Onkels Fuchs hatte sich dabei als härter erwiesen als die Windschutzscheibe, doch dummerweise hatte er dieselbe mit der Pfeife im Schnabel durchbrochen, und diese Pfeife hatte sich ihm in den Gaumen gebohrt; man musste sie ihm im Krankenhaus entfernen, was ihn wieder an den durch seinen Kiefer gegangenen Bajonetthieb erinnert hatte und an die dabei entstandenen Schäden.

Da hatte er die Nase voll von den Mätzchen der launischen Kiste. Er beschloss, sich von ihr zu trennen, und schenkte sie einem Freund, dem er etwas Gutes tun wollte. Dann erwarb er ein Pferd und eine Viktoria-Kutsche. Das Pferd war weiß, reinrassig und intelligent. Es hieß Hansi wie viele Pferde im Elsass. Es brachte den Onkel nicht nur stets nach Dauvillers, was der Renault immer seltener tat, es hatte auch sehr schnell Geist und Eigenarten seines Besitzers erkannt und legte unaufgefordert vor allen Wirtshäusern des Florival eine Pause ein.

Es gab noch ein anderes Fest: das, welches der Onkel Fuchs für mich im Herzen des Waldes organisierte. Ich weiß, wie sehr die Erinnerung Vergangenes verherrlichen kann, doch bin ich sicher, dass ich nicht geträumt habe. Wir hatten uns auf einer Lichtung niedergelassen, er hatte Ruhe und Bewegungslosigkeit angemahnt, und plötzlich, als habe er Einladungen verschickt – „Der Oberförster Louis Fuchs bittet den großen Zehnender und seine Hirschkühe, den Auerhahn, den Goldfasan, das Eichhörnchen und Gattin und alle seine Freunde im Wald, sich zum Empfang zu Ehren seines Neffen, des Hans aus dem Florival, einzufinden" –, ja, plötzlich kamen sie, einer nach dem anderen, aber nicht wie bei den Pariser Cocktailparties, wo man dem Gastgeber den Bauch pinselt und sich dann auf das Büffet stürzt, sondern indem sie leise über die Lichtung schlichen und dabei so taten, als bemerkten sie uns nicht. Nur die Vögel setzten sich dem Onkel Fuchs auf die Schultern, der dieses bezaubernde

Spektakel so erklärte: „Sie halten mich für einen Baum", wodurch er sich sichtlich geschmeichelt fühlte.

Kaum waren wir aus dem Wald zurückgekehrt, brachte er mich wieder dorthin zurück. Auf den Schwingen der Musik. Er schob mich in sein Büro, wo ein Grammophon mit grünem Schalltrichter thronte. Er wies mir einen Sessel, legte eine Schallplatte auf den Teller, zog den Apparat auf und machte eine feierliche Handbewegung, die zu sagen schien: „Möge die Musik erklingen!" Und die Musik erklang, die Musik quoll aus dem Trichter wie das Licht aus dem Nichts am Tag des *fiat lux*, sie war wie ein Wald aus Tönen, und der Schangele wurde zu einem Wald aus wohligem Schaudern. Der Onkel Fuchs schaute ihn an, er schaute den Onkel Fuchs an, und sie zeigten sich ihre Gefühle wie zwei Freunde, die mit ihren Gläsern anstoßen. Dann schloss der Onkel die Augen, der Schangele tat ihm nach, tauchte vollends ein und sah mit den Ohren wie der Dichter, der mit den Augen hört. Er sah die Bäume, die Hirsche, die Rehe, die Vögel. Und als die Musik immer mitreißender funkelte, sah er sogar die kleine Marguerite Meyer, deren goldenes Haar das Unterholz erleuchtete.

Als das Wunder vorüber war, als also wieder Stille eingekehrt war, schlug der Onkel Fuchs die Augenlider hoch und wollte wissen, was die Augen des Hans gesehen hatten. „Den Wald", gab er schlicht zur Antwort. Der Onkel war damit wohl zufrieden. „Selig, wer Ohren hat zum Sehen!", sprach er. „Diese Musik stammt von meinem Freund Wagner, und sie heißt ‚Waldweben'." In seinem Blick war ein Leuchten, das sonst nicht oft aufflammte und das Hochachtung ausdrückte. Wohl wissend, dass er lieber Beleidigungen als Komplimente verteilte – um ehrlich zu sein, hatte ich ihn nie für jemanden einen Lorbeerkranz flechten sehen, höchstens vielleicht für polnische Gräfinnen, und auch da waren sie nicht für den Kopf bestimmt –, hatte ich dennoch den Eindruck, dass mein Ansehen bei ihm wieder ein Stückchen gestiegen war. Und ich kletterte weiter: „Im Wald eures Freundes Wagner habe ich auch den Postillion gesehen." Der Onkel runzelte die Stirn: „Ich kann mir zwar nicht vorstellen, wie er mit seinem ganzen Gespann zwischen den Tannen durchgekommen sein könnte, aber wenn du ihn gesehen hast, dann war er auch da." Er erklärte noch, dass ihn das nicht wunderte, dass die Musik das Reich der Dichter war und die Poesie das der Musiker. Der Hans wollte wissen, ob er außer den Herren Wagner oder Lenau noch andere Freunde hatte. Der Onkel grinste. Sein

Arbeitszimmer war voll davon. Man musste nur ein Buch oder eine Schallplatte herausgreifen, um sie sprechen oder singen zu lassen. Der Hans setzte einen flehenden Blick auf. Würde der Onkel bitte noch einen singen lassen?

Der Onkel sagte: „Ich werde dir meinen Freund Haydn vorspielen. Von seiner Musik heißt es, sie sei über die Welt gekommen wie die Vögel am Himmel über den Frühling." Fest in den Sessel gepresst wartet der Schangele darauf, dass sich der Himmel öffnen und seine Vögel fliegen lasse ... Er kennt das Wort erhaben noch nicht, das im Übrigen dem, was er hört, nicht gerecht würde, auch nicht das Wort Glückseligkeit, das viel zu schwach wäre, das zu beschreiben, was er verspürt, also weint er einfach nur, er weint Tränen des Glücks, und der Onkel Fuchs, der als gefühlloser als ein Krokodil gilt und der alles tut, um diesen Ruf zu verdienen, auch der Onkel Fuchs, von Haydns Musik ergriffen und von den Gefühlsausbrüchen des Hans berührt, lässt eine Träne fließen, die in seinem Bart versickert.

Aber merkwürdigerweise kam diese Musik dem Schangele vertraut vor. War es, weil sie vom Himmel kam? War es, weil er sie seinen Vater hatte summen hören? Bei der morgendlichen Toilette und beim Rasieren trällerte Papa das *Tantum ergo*, das *Veni Creator* oder andere Hymnen, die seine Seele stärkten, vielleicht war es ja eine davon? Der Onkel Fuchs widerlegte diese Vermutung: Was er gerade gehört hatte, war das Adagio des Kaiserquartetts, dessen Melodie der Verseschmied von *Deutschland über alles* verwendet hatte. „Es würde mich sehr wundern, wenn dein Vater beim Rasieren die deutsche Nationalhymne singt." Der Hans war niedergeschmettert. Unglück und Schande über ihn, wenn sein Vater erfuhr, dass er vor Freude geweint hatte beim Anhören von *Deutschland über alles*.

Wie Sie sicher gemerkt haben, hasste ich die Deutschen. Das *Album des Großen Krieges*, die Erzählungen der Frontkämpfer, die Bemerkungen von Papa, die Zeitungen und die Illustrierten für Kinder hatten mir ein wenig schmeichelhaftes Bild von ihnen vermittelt. Ich hielt sie für niedrige Säugetiere, die sich von Schwarzbrot und Schmalz ernährten. Ich wusste auch, dass sie mit ekelerregenden Ausdünstungen belegt waren, und ich zweifelte kein bisschen an den Aussagen des Doktor Bérillon, der behauptete, dass der deutsche Urin doppelt so giftig wie das französische Pipi war. Ich kannte auch feinsinnigere Urteile, wie diese Weisheit, die ein mit meinem Vater befreundeter Kirchenmann gerne anführte: „Der Deutsche ist ein Wilder, der lacht, wenn er schlägt, und der heult, wenn er geschlagen wird." Doch eine Zeichnung hatte meiner Abneigung die Krone aufgesetzt. Sie zeigte einen Knirps, der mit seiner linken Hand seine rechte Hand begrub, die ihm die Deutschen, bekanntermaßen Experten in der Verstümmelung von Kindern, abgehackt hatten. Das Werk machte umso mehr Eindruck, als es von den Händen (oder von den Füßen?) des exzellenten Poulbot stammte, dem einfühlsamsten und geistreichsten unter den Künstlern von Montmartre.

Das also war mein Bild von den Deutschen. Man wird verstehen, dass ich nicht gerade die besten Voraussetzungen mitbrachte, die deutsche Kultur lieben zu lernen. Doch das hielt den Onkel Fuchs nicht davon ab, sie mir schmackhaft zu machen. Den Winkelzügen des Hasses setzte er die Lektionen der Liebe von Lenau, Haydn und seinen anderen Freunden entgegen. Nachdem er mich auf die Pfade der Weisheit, der Fantasie, des Glückes, des Waldes und der Musik geführt hatte, brachte er mich zu Goethe, zu Schiller, zu Heine, die er die drei Großen nannte und zu denen er noch Rainer Maria Rilke gesellte, den er gerade entdeckt hatte:

Die Rose hier, die gelbe,
gab gestern mir der Knab,
heut trag' ich sie, dieselbe,
hin auf sein frisches Grab.

An ihren Blättern lehnen
noch lichte Tröpfchen, – schau!
Nur heute sind es Tränen, –
und gestern war es Tau ...

Zauberkraft der Poesie. Ich verstand die Verse nicht nur beim ersten Vorlesen durch den Onkel, sondern ich behielt sie gleich beim zweiten und beherrschte sie perfekt beim dritten. Ich trug sie Großmutter vor, deren Augen feucht wurden, Mama, die ihre Tränen nicht zurückhalten konnte, Tante Nini, die laut schluchzte, einmal, weil sie bewegt war, dann, weil ihr der Onkel Fuchs einstmals Gedichte aufsagte und ihr diese Freude nicht mehr machte, Emma II., deren Mund leicht zuckte, wie wenn einem zum

Weinen zumute ist, und die sagte: „Wir müssen für den Knaben beten." Ja, alle waren sie von dem Gedicht gerührt, doch niemand fiel auf, dass der Schangele eine Sprache beherrschte, die er nicht gelernt hatte. Ein glücklicher Zufall wollte es, dass er die Verse der Marguerite Meyer vorsprechen konnte. Sie war vom Talent des Rainer Maria Rilke angetan, doch noch mehr war sie vom Wissen des Schangele betört.

Des Onkels liebster Dichter (und folglich auch der des Schangele) aber war Heinrich Heine. Er liebte ihn für das, was Nietzsche die „süße und leidenschaftliche Musik" seiner Verse und die „göttliche Bosheit" seines Geistes nannte. Er liebte ihn für seine Dichtkunst und für seine Ironie, für seine Zärtlichkeit und für seine Grobheit. Er liebte ihn auch für einen Satz, den er sich zu eigen gemacht hatte: „Ich spreche nie ernsthafter, als wenn ich Scherze mache."

Er hatte mir erklärt, wie Heine das *Deutschland über alles* verstand. Ich wäre nicht in der Lage, Ihnen zu sagen, wie der Onkel Fuchs diese Dinge dem Kind, das ich war, näherbrachte. Aber ich kann Ihnen die Worte des französischsten aller Deutschen hinschreiben: „Die Elsässer und Lothringer werden sich wieder an Deutschland anschließen, wenn wir das vollenden, was die Franzosen begonnen haben, wenn wir diese überflügeln in der Tat, wie wir es schon getan im Gedanken, wenn wir uns bis zu den letzten Folgerungen desselben emporschwingen, wenn wir die Dienstbarkeit bis in ihrem letzten Schlupfwinkel, dem Himmel, zerstören, wenn wir den Gott, der auf Erden im Menschen wohnt, aus seiner Erniedrigung retten, wenn wir die Erlöser Gottes werden, wenn wir das arme, glückenterbte Volk und den verhöhnten Genius und die geschändete Schönheit wieder in ihre Würde einsetzen, wie unsere großen Meister gesagt und gesungen und wie wir es wollen, wir, die Jünger – ja, nicht bloß Elsass und Lothringen, sondern ganz Frankreich wird uns alsdann zufallen."[21]

Ein ganz schön kosmopolitischer Onkel Fuchs, werden Sie sagen. Wo ist der Mann der kleinen Täler geblieben? Ich könnte entgegnen, dass es dem Onkel nicht auf einen Widerspruch mehr oder weniger ankam. Doch

---

[21] Heinrich Heine, Deutschland. Ein Wintermärchen, Vorwort. In der von Jean Egen angeführten Übersetzung ins Französische heißt es anders als in der hier zitierten Version: „... wenn wir das vollenden, was die Franzosen begonnen haben: *das große Werk der Revolution: Die Weltdemokratie. Wenn wir uns zu den letzten Gedanken der Revolution emporschwingen, wenn wir diese überflügeln in der Tat, ...*"

ich sehe keinen Gegensatz zwischen dem Glück der Erde und dem des Florival. Ganz im Gegenteil. Um bei unserem bescheidenen Erdteil zu bleiben, denke ich, dass es einfacher wäre, das Europa der kleinen Täler zu schaffen als das der großen Staaten.

Abgesehen davon habe ich meine Kindheit nicht nur damit zugebracht, mit dem Onkel Fuchs über Dichtkunst, Musik und Philosophie zu reden. Ich hatte große Verantwortung auf mich genommen, als ich zum Sheriff von Dauvillers City ernannt worden war – von mir selbst nämlich. Die Aufrechterhaltung der öffentlichen Ordnung war eine so große Aufgabe, dass ich den Pierri, einen vormaligen Outlaw, zum Hilfssheriff bestellen musste. Das reduzierte allerdings das Lager der Banditen auf den Hubert, doch dieser auf Postkutschenüberfälle spezialisierte Plünderer hatte gerade eine Fratze, die noch viel furchterregender als sonst aussah, da ein Wespenstich ihr eine dicke Schwellung am rechten Auge beigebracht hatte. Gott sei Dank besaß ich wie Tom Mix mit seinem Pferd Picratt und Ken Meynard mit seinem Pferd Tarzan in Gestalt des Pferdes Hansi das heißblütigste Reittier des Wilden Westens. Leider hatte das Hansi genannte schon einem Kaufmann aus Gebweiler den Arm und dem Lehrer von Sengern mehrere Rippen gebrochen. Es hatte sich einen so wilden Ruf erworben, dass der Bandit Hubert, obwohl er ein Pferdedieb war, sich nicht traute, es zu besteigen. Um ehrlich zu sein, war auch der Schangele, der Hans, nicht sonderlich scharf darauf. Aber ein US-Sheriff konnte nicht anders, er musste einfach ein furchtloser Reiter zu sein, besonders an jenem Sonntag ...

An jenem Sonntag war Monsieur Meyer, der Direktor der Lautenbacher Schule, mit seinen fünf Töchtern und seinem Sohn zum Lauchsee gewandert. Auf dem Rückweg hatte er in Dauvillers eine Rast eingelegt, um seiner Familie eine Erfrischung zu gönnen. Der Schangele wusste vor Aufregung nicht, wohin mit seinen Gefühlen, als er Marguerite erblickte, in die er seit mehr als einem Jahr verknallt war. Zunächst flüchtete er in den Wald, in der Hoffnung, sie möge ihm folgen. Da sie nichts dergleichen tat, schlich er um die Laube herum, wo das Mädchen und seine Geschwister Johannisbeersirup tranken. Er versuchte ihren Blick zu erhaschen und drehte die Augen sofort wieder weg, wenn er ihn ergatterte. Da vergaß er den Looping, den er ein paar Monate zuvor vor ihren Augen gemacht hatte, und beschloss, sie von neuem zu verblüffen, dieses Mal nicht mit einem

Fahrrad, sondern mit der speziellen Unterstützung des Pferdes Hansi, das auf der Wiese nebenan in Ruhe graste.

Sein Plan war schnell gefasst. Den Banditen Hubert festzunehmen, ihm ein Seil um den Hals zu legen, ohne loszulassen auf das Pferd zu steigen und den Galgenvogel zum nächstbesten Apfelbaum zu bringen, um ihn dort ohne Umschweife aufzuhängen. Das Dumme war, dass seine Beine zu kurz waren, um sich alleine auf Hansi zu schwingen. Er benötigte die Hilfe des Banditen. Hubert war allzu schnell bereit, die Räuberleiter für ihn zu machen. Wie alle Jungs des Florival war auch er in die Meyer-Mädchen verliebt und freute sich schon insgeheim auf die Pirouette, zu welcher Hansi seinem Nebenbuhler verhelfen würde.

Er kam auf seine Kosten. Sobald es den US-Sheriff auf seinem Rücken verspürte, bäumte sich das Tier auf, und mit einem Brustschwung, der den Pferden von Marly aus dem Louvre würdig war, versuchte es den Reiter aus dem Sattel zu heben. Der Schangele krallte sich verzweifelt an der Mähne fest, doch sofort wechselte Hansi die Position und ließ die Kruppe in die Höhe schnellen. Dieses Ausschlagen besiegelte das Schicksal des Sheriffs. Er flog in einem grandiosen Bogen durch die Luft, und seine Flugbahn endete in einer der unzähligen Hinterlassenschaften, mit der diese dumme Kuh von Hirschel die Wiese übersät hatte. Er tauchte kopfüber ein ... Als er wieder aufstand, konnte er wegen der Maske, die er nun trug, nicht sehen, wie sein Kunststück auf Marguerite gewirkt hatte. Doch schnell setzte ihn ein Lachen in Kenntnis, das ich unauslöschlich nenne, denn ich höre es noch jetzt manchmal in meinen Ohren erschallen, wenn ich an meine großen Niederlagen erinnert werde.

16. Böse Überraschung – Selbstmord ohne Leid – Das Geheimnis der Hörner – Das seichte Wässerlein – Der Musterknabe

Ich habe in den „Linden von Lautenbach" erzählt, wie ich den Fängen der Menschenfresser entgangen bin. Tatsache ist, dass ich von ihnen hätte geröstet werden können; es hätte genügt, wenn ich als Missionar einem noch auf Menschenfleisch begierigen Volk begegnet und mit dem Missionieren bei ihnen gescheitert wäre. Denn Missionar wäre ich beinahe geworden, da Papa, sobald ich denken konnte, in mein junges Gemüt das Samenkorn der Berufung gesät hatte. Ein Samenkorn wie das Senfkorn, das unter den Sämereien das kleinste ist, das aber zum allergrößten der Bäume wird und in dessen Geäst sich alle Vögel des Himmels versammeln. Ja, mein Vater prophezeite mir, dass ich eines Tages wie ein Affenbrotbaum würde, bevölkert von Kaffern und Zulus, die mit gefalteten Händen und zum Himmel gerichteter Nase Gottes Lob sängen.

Bevor er mich der Missionstätigkeit zuführen wollte, hatte er mich für den weltlichen Klerus auserkoren und predigte mir unablässig die Größe des Priestertums. Die Boxer hatten dafür den Begriff „am Körper arbeiten", Papa hingegen arbeitete an meiner Seele: „Schangele", sprach er, „es gibt kein größeres Glück für eine Familie, als einen Priester in ihrer Mitte zu haben." Gemeint war: Du kannst uns das nicht abschlagen.

Eines Tages hatte er mir zur Belohnung für eine gute Note eröffnet: „Schangele, ich habe eine Überraschung für dich."

Da seine Überraschungen häufiger zur Enttäuschung als zur Verzückung zu führen neigten, war ich auf der Hut. Dennoch versuchte ich also zu erraten, was er mir wohl zugedacht hatte: einen Ball, einen Globus, eine Harmonika ... oder, doch ich wagte nicht, daran zu glauben, Ben Hur mit Ramon Novarro, der seit Kurzem im „Lumina" lief ...

„Ich habe ein besseres Geschenk für dich", erwiderte er, „ich lade dich ins Theater ein." Das Theater war eine Laienspielgruppe, und Papa war neben den Akteuren der Einzige, der glaubte, ihre Aufführungen hätten etwas mit Schauspielkunst zu tun.

Der Schangele liebte seinen Vater zu sehr, als dass er seine Enttäuschung gezeigt hätte. Er gaukelte großes Interesse vor und fragte, was auf dem Programm stand. Hätte ihm sein Papa eine Aufführung des „Menschenfeindes" von Molière mit den Mitgliedern der Comédie Française angekündigt, hätte er kein größeres Strahlen aufgesetzt. „Es ist ein wunderbares Stück", sagte er, es heißt ‚Wie ich mein Kind tötete'."

Ich muss gleich klarstellen, dass es weder um einen Kindermord noch um einen Schwangerschaftsabbruch ging. Es war die Geschichte einer eigensinnigen Mutter, die nicht wollte, dass ihr Sohn Priester wurde. Doch der Sohn ließ nicht mit sich reden: entweder die Soutane oder der Sarg. Selbstverständlich verbot ihm sein Glaube den Selbstmord, aber da man das Jahr 1916 schrieb und er sich als Soldat in der Gegend von Verdun befand, musste er nur ein wenig den Kopf aus dem Schützengraben recken, um eine Kugel mitten in die Stirn zu bekommen. So nahm Gott der eigensinnigen Mutter ihren Sohn, den sie ihm nicht geben wollte, wieder ab, was nicht die feine göttliche Art war – die Gläubigen jener Zeit mögen es mir nachsehen.

Ich brauche Ihnen nicht zu erklären, dass mir dieses Meisterwerk einen so tiefen Verdruss bescherte, dass dieser auch ein halbes Jahrhundert später noch nicht ganz verflogen ist. Was mich aber am meisten betrübte, war, dass ich auf dem Heimweg vom Sankt-Josefssaal ein paar Freunde traf, die mit ihren Familien aus dem „Lumina" kamen. Während ich alle Mühe hatte, meinen Mund nach zwei Stunden des Gähnens wieder zuzubekommen, konnte ich von ihren glänzenden Gesichtern ablesen, wie sehr sie der Sieg des Ben Hur und die Vernichtung des Messala begeistert hatte. Ich hätte alles gegeben, wenn ich den Inhalt meines Kopfes gegen den des ihren hätte eintauschen können. Und Papa bedauerte die Unglücklichen auch noch, dass sie sich vom Prunk aus Hollywood hatten reinlegen lassen und dass ihnen „Wie ich mein Kind tötete" entgangen war.

All das trug nicht gerade zur Stärkung meiner Berufung bei, zumal diese noch nicht auf die Missionarstätigkeit zulief. Der Schangele begnügte sich nach und nach mit der Aussicht auf das Dasein eines Landpfarrers. Er sah sich die Messe beim ersten Hahnenschrei vor einer Handvoll Frömmlerinnen lesen, ohne Begeisterung die diversen Sakramente spenden und dabei auf das Einzige verzichten, das ihn interessiert hätte, nämlich das Sakrament der Ehe.

Er fasste wieder Mut, wenn er an die Aufstiegsmöglichkeiten dachte. Er hätte die Bischofswürde mitnichten verschmäht und sich sogar vorstellen können, die rote Mütze des Erzbischofs von Paris aufzusetzen. Aber Papa, der stolz gewesen wäre, seinen Sohn in Purpur gekleidet zu sehen, erinnerte ihn auch daran, dass die wahre Größe in der Demut lag. Er erzählte vom Pfarrer von Ars, der dreizehn bis vierzehn Stunden eingepfercht zwischen den Bretterwänden seines Beichtstuhls verbrachte. Zur Beichte hatte ich ein gespaltenes Verhältnis: Ich hatte wenig übrig für die Rolle des Büßers, dafür umso mehr für die des Beichtvaters. Das Geständnis eines großen Sünders wie dem Vampir von Düsseldorf war bestimmt nicht langweilig. Was die schönen Sünderinnen wie die Kusine Hortense betraf, so mussten ihr süßes Wispern und der leichte Vanilleblumenduft, mit dem sie ihre Reue parfümierte, in Ohren und Nase des Beichtvaters wie Musik und Weihrauch emporsteigen. Leider war da auch die Herde der Frömmlerinnen. Mit welch tristen Geständnissen, mit welch üblen Mundgerüchen sie wohl ihr Opfer bedrängten? War vielleicht sogar das Martyrium, das sie dem Pfarrer von Ars auferlegten, der Grund für seine Heiligsprechung?

Bleiben wir kurz bei der Kusine Hortense. Wenn ihr Name fiel, wurden die Gesichter immer von einem seltsamen Grinsen befallen. Und jedes Mal wurde der Hintern des Schangele von schmählichen Erinnerungen befallen. Der Mann von Hortense, der Cousin Thomas, war Handlungsreisender, und der Schangele hatte mehrfach gehört, wie vor allem sein Papa gesagt hatte, dass ihm immer, wenn er auf Reisen ging, Hörner wuchsen. Neugierig, das Geheimnis zu lüften, hatte der Schangele um eine Erklärung gebeten, als das Paar einmal bei uns zum Essen war. Die Kusine hatte den Tisch auf der Stelle verlassen und Papa einen Rüpel geschimpft. Papa hätte sicher allzu gerne sie verhauen, doch die fällige Tracht Prügel versetzte er dem Hintern des Schangele.

Die hübsche Kusine war Anlass für viele weitere Bemerkungen. „Sie ist wie die Republik", meinte Nicolas, „nichts im Kopf und alles in der Hose. Doch immerhin sieht sie gut aus." Wie üblich, verstand der Schangele wieder nichts. Doch er hielt sich nun lieber mit Nachfragen zurück. Oft trug auch der Onkel Fuchs etwas Poetisches bei. Er lehnte seine Worte gerne an die Heilige Schrift an, und das tat er immer trefflich und ehrfürchtig: „Selig die hohlen Köpfe", erwiderte er, „denn ihrer ist das Himmelreich. Aber selig auch die vollen Rundungen, denn sie füllen die Hände der Kinder der Erde." Ohne noch eins draufsetzen zu wollen, bin ich der Meinung, dass es gewiss keine Sünde ist, die Reize, die Hortense vom lieben Gott bekommen hatte, zu lobpreisen.

Nun, da sie das „seichte Wässerlein"[22] überquert hat, liegt sie unter der Erde. Und ich, der ich zwar mehr oder weniger wie Voltaire denke, halte dennoch weiterhin an diesem unsinnigen Dogma von der Auferstehung des Fleisches fest. Ja, ich hoffe, dass die Schönheit von Hortense den Tod überwinden wird und dass ihr verklärter Leib seinen Platz in jenem Reich der Liebe und der Schönheit finden wird, in dem uns vielleicht das ewige Leben erwartet.

Da hat er mich also wieder, dieser Hang zur Moralpredigt. Man kann sagen, was man will, wenn man so nahe wie ich am Priestertum war, schlummert bei einem im Herzen stets ein kleiner Pfarrer. Denn der Schangele war kurz davor, in die Falle zu tappen. Seine Zukunft schien sogar ganz und gar besiegelt, als er, seinen ganzen Mut zusammenneh-mend, seinem Papa zu verstehen gab, dass ihm eine kirchliche Laufbahn – Gottesdienste, Predigten, Beichten, Kommunionunterricht, Beerdigungen – ein bisschen grau erschien und dass er Gott lieber mit mehr Tatkraft, mit mehr Bravour, mit mehr Glanz gedient hätte. Papa verlor darüber nicht etwa die Orientierung, sondern forderte sogleich die vier Himmelsrichtun-gen heraus, brachte sein vollstes Verständnis darüber zum Ausdruck, dass ein Junge wie der Schangele nicht dafür gemacht war, in einem Pfarrhaus auf dem Lande zu verkümmern, und breitete vor seinem glühenden Ehrgeiz das weite Feld des missionarischen Apostolats aus. Er deutete an, dass er sogar die Chance hatte, den Lorbeer des Martyriums zu ernten, indem er von den unzähligen Überbringern des Evangeliums erzählte, die von den Unglücklichen, denen sie die Botschaft der Liebe brachten, skalpiert, geröstet, gekocht, kleingehackt und oft genug auch aufgegessen worden waren.

Dieses Mal gab es für den Schangele kein Zurück: Er biss brav in den Köder, den sein Vater ausgelegt hatte, und wenn wir in einem Comic wä-ren, würden wir sehen, wie der ehrwürdige Pater Adolphe Wach, der große Fischer nach kleinen Missionaren für seinen Fischteich des Blotzheimer Kollegs, mit dem Käscher in der Hand angelaufen käme.

Wie es im Elsass normal ist, wurde die Zukunft des künftigen Glau-bensbringers der äquatorialen Urwälder über einem vorzüglichen Mittag-

---

[22] „Ein seichtes Wässerlein, verleumdet als der Tod" ist eine Gedichtzeile aus „Tombeau" („Grabmal") von Stéphane Mallarmé (1897), übersetzt von Richard von Schaukal.

essen geregelt, zu welchem der Pater Wach uns geladen hatte, Papa, Mama, den Pierri und mich.

Das musste man Papa lassen, er hatte seine Ware bestens feilgeboten: Der Schangele war von außergewöhnlicher Intelligenz, von beispielhafter Sittlichkeit, von seltener Gelehrsamkeit, von unvergleichlicher Frömmigkeit. Und erst sein Fleiß: Er war Klassenbester, der Erste im Kommunionunterricht und wurde von seinem Klavierlehrer in den höchsten Tönen gelobt. Zu all diesen Eigenschaften kam noch seine unglaubliche Bescheidenheit. Kurz gesagt, das Missionskolleg von Blotzheim würde nach den Ferien einen kleinen Heiligen aufnehmen.

Ein paar Tage darauf bekam der Schangele zu seiner heiligen Kommunion einen Brief, der ihn mit Stolz erfüllte: „Wir beten für unseren kleinen Missionar, auf dass er wie sein Meister die Kommunion am Abend des Gründonnerstag empfange und danach zu dem Jünger werde, den Jesus liebte." Gezeichnet: Pater Wach.

Ja, der Schangele war stolz wie ein Pfau und zeigte den Brief mit geschwellter Brust dem Loulou Gatchinez und dem Bébert Tirole. Sie lachten jedoch laut los, was einen zukünftigen Heiligen umso mehr vor den Kopf stieß, als er sich dessen Ursache nicht erklären konnte. Was hatten sie denn, die kleinen Trottel? Er verstand es erst, als er sie rufen hörte: „Pater Vache, Pater Vache, er wird dich triezen, la vache[23]!" Ein klassisches Missverständnis zwischen „Innerfranzosen" und Elsässern. Da, wo der Elsässer Wach spricht, spricht der Franzose, der das gutturale ch nicht kennt, Wasch oder Wack.

Der kleine Heilige wäre den Spöttern beinahe an den Hals gegangen, doch da er ein wenig um seinen Heiligenschein fürchtete und besonders um sein Hinterteil, beschimpfte er lieber den ehrwürdigen Pater Bidet vom Orden der Montfortaner, der manchmal zum Predigen nach Audincourt kam. Es war nicht angebracht, sich über einen Pater Wach lustig zu machen, wenn man sich die Predigten eines Paters Bidet anhörte.

Der elsässische Herbst ist grandios. Er entbrennt wie ein Feuerschein: Die Wälder erglühen, die Weinberge werden erleuchtet; das ganze Land trägt Gold und Purpur, es ist die Jahreszeit des neuen Weins, der Wurst-

---

[23] „La vache" ist nicht nur die Kuh, sondern auch ein Schimpfwort für einen Menschen, der den anderen das Leben schwermacht.

waren und der Wonne. Da gibt es nur zwei Gruppen von Pechvögeln: die Schweine, die man absticht, und die Kinder, die man zurück in die Internate schickt. Zu Letzteren zählt der Schangele. Der Herbst, das sind für ihn die Blätter, die fallen, der Nebel, der über dem Teich schwebt, die Abendglocke, die ihre Schluchzer über Blotzheim erklingen lässt, ein ganzes Orchester an Wehmut, das ihn in eine unsägliche Traurigkeit stürzt.

Papa hatte mich hingebracht. Wir waren am frühen Nachmittag angekommen. Der Pater Wach war nicht mehr da, uns zu empfangen. Gegen Ende der Ferien war er zum Himmel aufgestiegen, wohin ihn ein Schlaganfall befördert hatte. Der Schangele war darüber betrübt und verärgert gewesen. Der Pater Wach hatte versprochen, sein Beschützer zu sein, und nun würde sein leiblicher Vater zurück nach Audincourt fahren, während sein geistiger Vater im Himmel war. In seinem immerwährenden Optimismus tröstete ihn sein Vater: Da, wo er jetzt war, würde er noch besser auf ihn aufpassen können. Wir lernten den neuen Prior kennen, den Pater Schneider. Er hatte nur kurz Zeit für uns, etwa fünfzig Familien standen ungeduldig vor seiner Tür, um ihm ihren kleinen Missionar vorzustellen. Er hatte eine hohe Stirn, einen weißen Bart und einen entrückten Blick, der den Schangele nur kurz streifte.

Als sie wieder unter sich waren, meinte Papa: „Findest du nicht, dass er wie der Präsident der Republik aussieht?" Dem Schangele war zwar nicht nach Scherzen zumute, aber er konnte sich das Grinsen nicht verkneifen: Der Pater Schneider war also dem dritten Pol wie aus dem Gesicht geschnitten. Papa runzelte die Stirn. Was sollte das denn bedeuten? Der Schangele klärte ihn auf, dass es drei Pole gab: den Nordpol, den Südpol und den Doumer-Paul. Papa erkannte sofort, wo diese Wortspielerei herrührte: Sie kam vom Onkel Nicolas, der sie wahrscheinlich von diesen Ungläubigen des „Canard Enchaîné" hatte. Denn obschon das Onkelchen ein bedingungsloser Anhänger der „Action Française" war, wo man die Kirche verehrte, selbst wenn sie einen verstieß, schätzte er auch das satirische Wochenblatt, was übrigens eine typisch elsässische Paradoxie ist. Gewiss, der „Canard" verschmähte als Beute auch Pfaffen und Seminaristen nicht, aber sein Lieblingsjagdwild waren Leute wie der Herriot, der Painlevé, der Laval und andere alte Wildschweine, die sich in der Politik suhlten. Doch wenn der Staatschef auch zum Pol erhoben wurde, so bedeutete das nicht, dass sich die Erde um ihn drehte, sondern es hatte mit seinem eisigen Aussehen zu tun. Tatsache ist, dass der Präsident von der traurigen Gestalt alles andere war als ein Scherzbold: Er hatte drei Söhne im Krieg verloren, seine Präsidentschaft hatte mit Waldbränden, Schiffsunglücken und Flugzeugabstürzen begonnen, er hatte zu Weihnachten zwei Köpfe dem Henker ausgeliefert und sollte den Schüssen eines Russen namens Gorguloff zum Opfer fallen. Es war eine Sache, das Ganze mit Humor zu sehen; von der Ähnlichkeit des Paters Schneider mit dem angsteinflößenden Mann bekam man Gänsehaut. Wie dem auch sei, Papa meinte, den Schangele warnen zu müssen: Der „Canard Enchaîné" war ein gottloses Blatt, und wenn der Onkel nicht errötete, wenn er es las, bedeutete dies, dass er selbst schon, ohne es zu merken, wie die Roten dachte. Man konnte sich einen Küster, der mit Pfaffenfressern unter einer Decke steckte, einfach nicht vorstellen. Der Schangele pflichtete seinem Papa brav bei. Doch er dachte über die Menschenfresser des „Canard" nach und stellte sich vor, wie schön es wäre, diesen Volksstamm zum wahren Gott zurückzuführen. Ihm war, als zeuge es von mehr Mut, sein Kirchenamt im Herzen von Paris, der Hauptstadt des Lasters, auszuüben, als die Wilden im Busch zu bekehren. Doch diese Idee war noch zu frisch, um sie seinem Papa anzuvertrauen.

17. Die unerträgliche Ehre – Die Harten und die Weichen – Das Herz zwischen den Zähnen – Der Schlafsaal der Seufzer

Als die Stunde des Abschieds gekommen war, legte Papa seine Hand auf die Schulter des Schangele: „So, jetzt bist du ein Mann, mein Sohn. Jetzt musst du nur noch ein Mann Gottes werden. Aber ich kenne dich, du wirst der Familie einmal Ehre machen!"

Was geschah dann? Den Mann erfasste das ungestüme Verlangen, wieder Kind zu werden, Gott zu verleugnen und seine Familie zu entehren. Er biss die Zähne zusammen, dass ihm beinahe die Kiefer brachen, um seinem Vater nicht zu erklären, dass er eigentlich lieber Schornsteinfeger, Hundefriseur oder Stuhlflechter würde, alles Mögliche, nur nicht Missionar, nicht Missionar ... Papa war zu sehr gerührt, um den Blick des Schangele zu verstehen. Er wiederholte: „Du wirst der Familie Ehre machen", und umarmte seinen Sohn. Während er an der Kurbel seines Renault 10 CV drehte, flehte er den Motor an, sich tot zu stellen, doch der Verräter wollte keinen Verrat begehen und knatterte los wie immer. Papa setzte sich ans Steuer, winkte sachte, der Schangele antwortete mit einem noch knapperen Abschiedsgruß und das Automobil verschwand im Abendnebel.

Wenn ich Ihnen sage, dass dem Schangele das Herz zerbrach, so hoffe ich, Sie verzeihen mir diesen Gemeinplatz, denn genau das passierte: Eine Hälfte entschwand mit dem Auto, die andere blieb blutend am Straßenrand zurück.

Da kam der Pater Goepfert, der die Abschiedsszene vom Tor aus beobachtete, auf mich zu. Er war ein kleiner, stämmiger Mann, dem der Bart bis in die Ohren wucherte. Er drückte mich an sich und sagte auf Elsässisch: „Hiel, Biewele, hiel!" (Weine nur, kleiner Bub, weine nur!) Seine alte Kutte roch nach Tabak, nach Schweiß und nach Afrika. Die Schluchzer, die der Schangele über ihm ausschüttete, mussten ihn wohl bis in sein Herzen erweichen, das im Übrigen alles andere als ein hartes Herz war. Und das haarige und ziemlich hässliche Gesicht, mit dem er sich über mich beugte, nahm augenblicklich mütterliche Züge an.

Er war nämlich freundlich und gütig, der Pater Goepfert. Nur war ich nicht das einzige verlassene Kind, und in allen Ecken flossen Tränen. Er rief ein halbes Dutzend Verzweifelter zusammen und übergab sie vertrauensvoll einem älteren Schüler, der mit neun Jahren ins Kolleg gekommen war und bald zwölf wurde. Dieser Veteran brachte uns zur Wäschekammer, wo wir unsere Sachen abgaben. Meine Hemden und meine Unterhosen trugen, von Mama in eleganter Schrift aufgestickt, die Nummer 212, was, wie mir die Schwester, die sie entgegennahm, erklärte, die Nummer der Zelle war, die der General Sanjurjo im Gefängnis von Madrid belegte. Ich kannte diesen Soldaten nicht und war unschlüssig, ob ich mich rühmen sollte, mit einem General verglichen zu werden, oder erröten, weil meine Klamotten mit der Nummer eines Knastbruders gekennzeichnet waren. Vom Onkel Nicolas erfuhr ich dann ein paar Wochen später, dass ich Grund hatte, stolz zu sein: Der General José Sanjurjo war im Gefängnis,[24] weil er, leider erfolglos, einen Staatsstreich gegen die Republik angezettelt hatte, die, obwohl sie spanisch war, nicht mehr wert war als alle anderen.

Wir gingen dann in den Schlafsaal, wo der Ältere, der Henri hieß, mir zeigte, wie man ein Bett bezieht. Die Schlafplätze meiner Mitschüler hatten graue oder braune Bezüge und zeugten von klösterlicher Strenge. Mich hatte Mama hingegen mit gelbem Satinbettzeug ausgestattet – gesteppte Decke, feines Daunenfederbett –, das eher an das Luxusbett einer Edeldirne als an das Ruhelager eines Missionars erinnerte. Jedenfalls konnte ich mir nicht vorstellen, diese feinen Sachen in einer senegalesischen Hütte auszubreiten, und genierte mich vor meinen Kameraden. Doch sie bewunderten aufrichtig das Leuchten der gelben Farbe und die Zartheit des Stoffes.

Mein Nachbar war ein kleiner Knirps von neun Jahren. Sein Gesicht war eigenartig blass und er war extrem schmächtig. Man hätte ihn für einen Schmetterling des 18. Jahrhunderts halten können, den ein Insektensammler, ein Freund Diderots, zum Trocknen in einen Band der Großen Enzyklopädie gesteckt hätte und der, durch ein Wunder wieder zum Leben erweckt, von Bett zu Bett flatterte, auf der Suche nach Auskunft über die nächsten Essenszeiten und den aktuellen Speiseplan. Er hörte ganz unprätentiös auf den schönen Namen Crétin.

Kleine Missionare sind nicht anders als andere Menschen. Es gibt Hartherzige unter ihnen, und die sagten: „Lass uns in Ruhe, Crétin, du wirst es schon sehen!" Es gibt auch welche mit weichem Herzen, und diese

---

[24] Sanjurjo befand sich von August 1932 bis November 1934 in Haft. Wir befinden uns demzufolge im Herbst des Jahres 1932.

gaben freundlich Antwort oder steckten dem Heißhungrigen eine Rippe Schokolade zu. Doch Crétins Hunger ließ sich nicht überlisten und war sofort nach dem Verzehr der Schokolade wieder da. Schangele half ihm mit ein paar Karamellbonbons aus, als die Essensglocke erklang.

Wer noch nie das Refektorium eines Kollegs an einem ersten Oktober betreten hat, dem geht für immer eine gewisse Erfahrung des Unglücklichseins ab. Da war zunächst der Schock für die Nase, der schwere Geruch der Gemeinschaftsküche, der dem Schangele den Magen umdrehte. Hätte ihn da nicht die abstoßende Wirkung des Blechgeschirrs gebremst, wäre der Mageninhalt des zarten Kindes im Teller gelandet. Er schaffte es gerade noch, ihn während des Tischgebets hinter den Zähnen zurückzuhalten, konnte aber, als die Suppe gebracht wurde, eine von Fadennudeln wimmelnde Fleischbrühe, wie er sie von allem in der Welt am meisten hasste, nicht mehr standhalten. Er hätte es vermocht, Heu, Brennnesseln, Seife, eine Ausgabe der „Action française" oder rohen Fisch zu fressen, aber beim Anblick dieser Madensuppe hielt er sich den Mund mit beiden Händen zu und stürzte hinaus zum Teich, der das Anwesen bewässerte und der allein ihm ein ausreichend großes Behältnis bot, seinen Ekel auszukotzen.

Der gute Pater Goepfert, der oben auf dem Podium dem Essen vorstand, hatte auch dieses Mal seine Not bemerkt. Er eilte ihm nach, half ihm, den Geist und alles andere auszuspeien, brachte ihn in seine Kammer und putzte ihm mütterlich das Gesicht ab. Er war nach zehn Jahren Abwesenheit aus Gabun zurückgekehrt, um in Blotzheim das Amt des Disziplinarbeauftragten zu übernehmen. Er erzählte ihm von Mamadou Sikouloumé, der ein Schangele aus dem gabunischen Busch war und der froh gewesen wäre, das zu essen, was der kleine Elsässer ausgespuckt hatte. Der Schangele bekam schon wieder Brechreiz. Es war ihm nicht nur unerträglich, dass Mamadou so widerliche Dinge essen sollte, er hätte ihn darüber hinaus am liebsten mit Fadennudeln, mit Tapiokamehl, mit Kalbskutteln, mit Schweinehaxen und mit allen Speisen, die er verabscheute, überhäuft. Doch als er merkte, dass das nicht ausreichte, um ein guter Missionar zu sein, erklärte er sich bereit, auch die guten Dinge mit ihm zu teilen, ja sogar, Blotzheim sofort zu verlassen, um Mamadou mit Lebensmitteln zu versorgen. Ein Lächeln durchzog den Bart von Pater Goepfert. Blotzheim verlassen? Aber er war doch erst angekommen. Der Schangele sagte nichts. Hätte der Pater jedoch erraten können, wie sehr er wieder wegwollte, hätte er wissen können, wie arg dieser Vogel die Gefangenschaft hasste, hätte er mit ihm keine weitere Zeit verloren, sondern ihm augenblicklich die Käfigtür geöffnet.

Da es zwecklos war, ihn wieder zur Nudelsuppe zurückzuführen, brachte er ihn stattdessen zum Schlafsaal und erteilte ihm dabei alle möglichen Ratschläge: „Du wirst sehen, wenn du richtig hungrig bist, wird dir das Essen unserer lieben Schwestern vorzüglich erscheinen. Ich weiß auch, dass du klug und fleißig bist und wie sehr es dir am Herzen liegt, unserem Herrn und deinem Papa zu gefallen und ein guter Missionar zu werden."

Der Schangele hörte artig zu. Aber auch jetzt wieder war es so, dass der Pater Goepfert, hätte er seine Gedanken lesen können, gemerkt hätte, dass sie in Richtung von „Rede du nur!" gingen und dass der junge Missionar nur mehr einen Wunsch hatte, nämlich den, ins normale Leben zurückzukehren.

Der Pater malte ihm eine große Zukunft aus, tätschelte ihm freundlich die Wange, empfahl ihm, fest zu beten, und ließ ihn allein im Schlafsaal zurück. Als seine Kameraden dann ebenfalls kamen, tat er, als schlafe er. Wieder bemerkte er den Unterschied zwischen den Hartgesottenen und den Sanftmütigen, zwischen denen, die laut redeten und Tamtam machten, und denen, die flüsterten und tausend Dinge taten, um ihn nicht aufzuwecken.

Crétin, der, als er vom Tisch kam, Hunger bekam und das alle wissen ließ, wurde von den einen ausgebuht und von den anderen umsorgt. Als um neun Uhr der Stabsgefreite – pardon, der für den Schlafsaal Zuständige – das Licht löschte, war von den Sanftmütigen allerhand Not zu vernehmen. Der Schangele bemerkte es, weil er selbst Not litt. Er hielt es nicht aus, so weit weg von seiner Mama zu sein. Sein Leiden war umso größer, als er wusste, dass sie krank und ihr Leben bedroht war. Vielleicht würde sie sterben, während ihr unwürdiger Sohn die Gabuner mit Fadennudeln versorgte. Im Schlafsaal verspürten die Sanftmütigen wohl ähnlichen Kummer, denn man konnte es seufzen und schniefen hören. Bei Crétin, seinem kleinen Bettnachbarn, klang das wie das Quieken eines erschreckten Kaninchens. Was kann man tun, wenn man unter Unglück begraben ist, außer sich einen Leidensgenossen zu suchen? Der Mond schien in den Schlafsaal. Der Schangele erblickte die aus dem Bett hängende kleine Hand von Crétin. Er ergriff sie. Sie klammerte sich sofort an der seinen fest. Dann entspannte sie sich und schmiegte sich in seine Handfläche. Und der Schangele spürte, wie die Ruhe, die er dem kleinen Mann weitergab, wieder zu ihm zurückfloss.

Heute, da ich das alles wieder vor meinen Augen sehe, frage ich mich, ob ich nicht doch ein Fünkchen Berufung in mir trug.

18. Grausame Morgenstunden – Das Bettnässen – Barbarossa – Herz aus Gold – Schöne Füße – Lektion in Demut – Für wen halten Sie mich denn?

In Lautenbach wird gefeiert. Ein riesiger Kessel steht vor der Kirche. Darin sitzt der Pater Goepfert. Um ihn scharen sich die Menschen. Auf den Schultern von Onkel Nicolas sitzend, betrachtet der Schangele das Geschehen, versteht es aber nicht. Er fragt seinen Onkel. Nicolas erklärt: „Das sind Schwarze, die einen Missionar kochen. Natürlich lässt sie die antiklerikale und atheistische Republik gewähren!" Man hört laute Stimmen Zaubersprüche skandieren. Das sind die Menschenfresser, die rituelle Gesänge anstimmen. Der Schangele bekommt Angst. Er stößt Schreie aus. Die Schreie wecken ihn auf. Es dauert eine Weile, bis er begreift, wo er ist. Ihm fällt wieder ein, dass er in Blotzheim ist. Es fällt ihm so schwer, sich damit abzufinden, dass er sich fragt, ob er im Land der Kannibalen nicht besser dran wäre.

Die Zaubersprüche sind weiter zu hören. Der Schangele versteht: Das kommt aus der Kapelle, wo die Klostergemeinschaft zur Frühmesse versammelt ist. Ihr morgendliches Ständchen an den Herrn weckt Tag für Tag lange vor dem Weckläuten einige der Knirpse, die nur den Schlaf haben, um die Härte ihrer Kindheit zu vergessen. Ich scheine zu protestieren, aber alles in allem war dieses sanfte Erwachen weniger schlimm als die mitten ins Ohr treffenden Schläge einer Glocke, die sich ebenfalls am Eingang zum Schlafsaal befand. Der Pater, der diese Marter leitete, verstand das so gut, dass er einen teuflischen Radau veranstaltete, bevor er sie ausführte; er tappte hin und her, stampfte mit den Füßen, blies in sein Taschentuch wie in ein Jagdhorn und hustete wie sechsunddreißig Kameliendamen. Sie musste ja schließlich geläutet werden, diese verflixte Glocke, und um halb sechs, während Millionen Glückliche in derselben Zeitzone noch die Wonnen des Schlafes genossen, wurden der Schangele und seine kleinen Freunde aufgefordert aufzustehen. Und da begann der absolute Horror: der, welchen, wie es heißt, das Kind empfindet, wenn es dem Mutterleib entrissen und ins Leben gestürzt wird.

So erlebt also der Schangele jeden Tag das Trauma seiner Geburt. An jenem ersten Morgen vermag er das Ausmaß seines Leidens noch nicht voll zu genießen, weil es neu für ihn ist. Der für den Schlafsaal Zuständige befiehlt den künftigen Missionaren, die Fenster zu öffnen und die Betten zu lüften. Crétin stellt sich offensichtlich dumm an, seines aufzudecken, er trödelt herum, er bummelt, er läuft ums Bett, er lässt es klar darauf ankommen. Und wer kommt? Der Zuständige. Und was macht er? Er reißt die Decke hoch und legt auf dem Laken einen feuchten Fleck frei, dessen Dimensionen an die Karte der Vereinigten Staaten erinnern, wenn nicht sogar an die der Sowjetunion.

Gekicher bei den Harten. Trauriges Mitgefühl bei den Sanften. Neben der Pein des Heißhungers plagen meinen kleinen schmächtigen Nachbarn auch noch die Qualen des Bettnässers. Er ist so mitleiderregend, dass der Schangele einen starken Drang verspürt, mit ihm die Laken zu tauschen. Von den Harten gerufen, erscheint der Pater Ritter. Crétin fällt es nicht schwer, sich ganz klein zu machen. Seine Not berührt den Kirchenmann. Er nimmt das klatschnasse Bettzeug und sagt: „Schwester Marie-Babette wird das schon richten!" Der Schangele verspürt einen gewaltigen Anflug von Zuneigung für diese unbekannte Schwester, die so heißt wie seine Mama und deren Barmherzigkeit besser als unsere Wunderwaschmittel das Pipi und die Schande von Crétin verschwinden lassen wird.

Was die Schande betrifft, so geht es ihm schon besser, denn er fragt, wann es Frühstück gibt. Doch der Stundenplan kennt keinen Heißhunger und sieht dafür weit weniger naheliegende Vergnügungen vor. Waschen von Gesicht und Hals mit kaltem Wasser, dazu sorgfältige Reinigung der Ohren. In Bezug auf den Körper hingegen gilt Anstand vor Sauberkeit.

Um sechs Uhr: Studium. Heute freie Lektüre, weil es der erste Tag ist. Aber morgen warten *rosa*, die Rose, *rosae*, der Rose, und so weiter mit ausgefahrenen Dornen auf uns.

Um sieben Uhr: Messe. Der Schangele weiß, dass in ihr das letzte Abendmahl mit einem kleinen Stückchen Matzenbrot wiederbeginnt, das zum Leib Christi wird, und mit einem winzigen Tröpfchen Wein, der zu seinem Blut wird. Neben ihm unterdrückt Crétin Gähnen um Gähnen. Ihm ist sichtlich nach einer weniger mystischen Speise zumute. Geschafft: Um Viertel vor acht drängen die Missionare in spe endlich in das Refektorium. Der Schangele freut sich, als er sieht, wie sich Crétin auf das trockene Brot und den Milchkaffee stürzt. Er selbst spürt wieder, wie ihm sein Magen zwischen die Zähne hochsteigt. Es ist der Geruch des Blechgeschirrs, der ihm schon tags zuvor Übelkeit beschert hat. Er winkt Crétin: Er möge seine Portion nehmen und die Tasse mitverschlingen. Crétin lässt sich das nicht zweimal sagen. Und wenn er der zweiten Aufforderung nicht nachgekommen ist, dann weil er dem Schangele trotz allem etwas übrig lassen wollte.

Nach einer kurzen Pause lernen wir den Pater Kieffer kennen, der Barbarossa genannt wird, den man aber auch Feuerauge nennen könnte, denn sein Bart ist ebenso flammend wie sein Blick. Ist er gut? Ist er böse? Halten wir fest, dass er Lehrer ist für Latein, für Mathematik und für Französisch, was nicht nach Feingefühl klingt. Klischees mögen bedeuten, was sie wollen, aber sein Unterricht war von der Art, in der man Flöhe husten hört.

Der Pater Simon hatte einen goldenen Bart und ein entsprechendes Herz. Zwanzig Jahre lang hatte er das eine wie das andere kreuz und quer durch Kamerun spazieren geführt. Nun unterrichtete er Deutsch. Schon bei der ersten Frage wehten ihm Fragen und Gelächter aufs Katheder entgegen. Er ignorierte das Gelächter, antwortete aber auf alle Fragen, weswegen ein ständiger Lärm den Raum erfüllte. Doch bei allem Respekt, den ich für ihn habe, Pater Kieffer gab gerne den scharfen Hund, während Pater Simon das Herz eines Lammes hatte. Ich habe keine Ahnung, ob ihn die anderen so mochten wie ich; jedenfalls mochten sie ihn bestimmt nicht stärker. Wenn er sich wie ein unbeholfener Bär über mich beugte, hatte ich Lust, ihm um den Hals zu fallen.

Nachdem er sich an der lateinischen *rosa* beim Pater Kieffer gepikst hat, nachdem er dank dem Pater Simon gemerkt hat, dass er Deutsch spricht, ohne es zu wissen – denn Elsässisch ist doch nichts als üppiges Deutsch, und Deutsch nichts als farbloses Elsässisch –, befindet sich der Schangele nun im Refektorium zum Mittagsmahl. Da er praktisch seit vierundzwanzig Stunden nichts gegessen hat, ist sein Magen so gähnend leer wie der von Crétin. Was ihn nicht davon abhält, sich mit einem „Hunger" nach Verzicht – bewundern Sie bitte den Trick – jeglichem Essen à la Suppe mit Fadennudeln zu widersetzen.

Doch, oh Wunder, kaum war er im Speisesaal, gewahrte er einen Geruch, der zwar stark, aber nicht minder vertraut war, nämlich den von Pommes frites. Er richtet einen Dankesblick zum Refektoriumskreuz, auch wenn der leidende Christus damit nichts zu tun hat ... Christus sicher nicht, vielleicht aber der Pater Goepfert ... wer weiß? Gestern hatte er so ganz nebenbei gefragt: „Wenn du Suppennudeln, Tapiokamehl und Kalbskutteln nicht magst, was magst du dann überhaupt?" Der Schangele hätte eine große und geistreiche Aufzählung machen können, doch er hatte wie aus der Pistole geschossen geantwortet: Pommes frites. Ich behaupte nicht, dass der Pater Goepfert sich bei den Schwestern dafür stark machte, den Essensplan zu ändern, das wäre vermessen, aber ich stelle es mir gerne so vor.

Eine weitere Überraschung erwartet den Schangele. Eine Überraschung, die er sogar als eine Ehre ansehen kann. Er hat Lesedienst. Während sich die anderen Kinder die Pommes frites schmecken lassen können, muss er sich aufs Katheder setzen und ihnen aus einem frommen Buch vorlesen. Zweck der Übung ist nicht, ihren Appetit zu zügeln – als könnte man das! –, und auch nicht, ihren Eifer zu verstärken – was ist deprimierender als ein frommes Buch? –, nein, es handelt sich um eine alte Klostertradition, die im Übrigen in größter Gleichgültigkeit stattfindet.

Warum ist die Wahl auf den Schangele gefallen? Vielleicht, weil er der einzige Schüler ist, der nicht mit dem elsässischen Akzent gestraft[25] ist, und weil, wenn schon ein so schönes Exemplar zur Verfügung steht, es gerne als Vorbild präsentiert wird. Vielleicht aber auch, weil der Lektor zum Lohn für seine Geduld und seine Mühen, nachdem er seinen Dienst verrichtet oder seine Mission ausgeführt hat, für sich allein bedient wird und so viel essen darf, wie er will, was an einem Pommes-frites-Tag besonders vorteilhaft ist.

Der Nachmittag ist, ebenso wie der Morgen, aufgeteilt zwischen dem Klassensaal und der Kapelle, also zwischen Studium und Gebet. Wir machen die Bekanntschaft von Pater Vogel, der sich so vorstellt: „Ich bin der Pater Fogl. Also nennt mich nicht Pater Wogell[26]. Oder wenn ihr meinen Namen durchaus entgermanisieren wollt, nennt mich Pater Oiseau!" (Für die, die es nicht wissen sollten: So heißt Vogel auf Französisch.) Seine dunklen Augen und sein fast blauer Bart haben es mir auf der Stelle angetan. Der Pater Vogel – tut seiner Seele einen Gefallen und sprecht es Fogl aus – erinnerte mich an den Onkel Fuchs. Mit dem Unterschied, dass der Missionar ein Vogel des Himmels war, während der Onkel eher an einen Vogel aus der Fabelwelt denken ließ, an einen Mischling aus dem Adler, dem Vogel Jupiters, und der Taube, dem Vogel der Venus.

---

[25] Warum gestraft? Er ist doch so viel wert wie jeder andere. (Fußnote des Autors, der manchmal überlegt, was er sagt.)
[26] So sprechen des Deutschen unkundige Franzosen „Vogel" aus.

Der Pater Vogel unterrichtete den Katechismus. Es kam mir vor, als sei es nicht derselbe gewesen wie der, den uns der Abbé Posty in Audincourt beibrachte. Tatsächlich war es so, dass der eine den Katechismus des Bistums Straßburg verwendete, der nicht bebildert war, der andere den der Diözese Besançon, der illustriert war, zum Beispiel mit einer Darstellung der Hölle, die einen armen Sünder wie den Schangele schon im Voraus peinigte. Darin waren schrecklich gehörnte Teufel zu sehen, die verdammte Seelen, die bestimmt noch verfluchter waren als sie selbst, in kochende Kessel warfen. Im Unterschied zum Abbé Posty, bei dem es im Unterricht nur so blitzte und donnerte, erinnerten die Stunden beim Pater Vogel vielmehr an die Ruhe nach dem Sturm, wenn der Himmel wieder klar ist, ruhig und blau, und die Vögel wieder zu zwitschern anfangen. Wie die meisten Elsässer glaubte er eher an den Himmel als an die Hölle.

Trotz allem gab es Sünden, bei denen er wie der Herrgott selbst keinen Spaß verstand. In einem vergilbten Heft, in dem seine ersten Lektionen abgeschrieben stehen, habe ich einen Absatz wiedergefunden, in dem jede Zeile rot unterstrichen ist:

„Manche Sünden sind so abscheulich, dass sie Gottes Zorn besonders hervorrufen. Man nennt sie Sünden, die nach himmlischer Vergeltung schreien: 1. Die vorsätzliche Tötung, 2. Die Unterdrückung von Witwen und Waisen, 3. Das Versagen des Arbeitslohns.“

Ich nehme an, dass der Pater Vogel in zwanzig Jahren Kolonien, wie man damals sagte, mehr als einen zum Himmel gerichteten Hilferuf gehört haben musste. Sodass ich mich ein wenig schäme, hier meine Leiden des jungen Gefangenen zur Schau zu tragen.

Die letzte Herausforderung dieses ersten Tages stellte sich im Speisesaal in Form eines Nudelgerichts, dessen unendliche Tristesse erneut die Seele des Schangele heimsuchte. Mit der Hand vertrieb er den Geruch, den es verbreitete. Crétin verstand den Wink als Opfergabe, stürzte sich auf den traurigen Fraß und ermöglichte es dem Schangele, aus seinem Ekel einen Akt der Großzügigkeit zu zaubern. Es wurde auch Zeit: Die Mitschüler begannen schon, diesen kleinen Klugscheißer aus Innerfrankreich schief anzusehen, der sich anscheinend erdreistete, ihnen Lektionen in guter Küche zu erteilen.

Kurze Pause nach dem Essen. Crétin, dessen Magen schon wieder in den Kniekehlen hängt, spekuliert bereits über das morgige Essen.

Schangele, der merkt, dass er sich im Geiste schon schlemmend wähnt, gibt seiner Fantasie Nahrung und stellt ein Menü zusammen, das den Kleinen an den Rand der Glückseligkeit bringt. Doch es sei in diesem Zusammenhang gleich gesagt: Die Weissagung des Paters Goepfert wird sich bewahrheiten. Noch ein paar Würgeanfälle, noch ein paar saure Gesichter, und der Schangele wird zwar kein Liebhaber der Küche der guten Schwestern werden, sich aber an sie gewöhnen, worunter allerdings seine Großmut Crétin gegenüber stark leiden wird.

Ein letzter Pfiff, und wir versammeln uns in der Kapelle zum Abendgebet. Erschöpft von vierzehn Stunden Unterricht und Gebet, fällt es dem Schangele schwer, das Gähnen zu unterdrücken. Aber das Tagwerk ist noch nicht vollbracht. Die künftigen Missionare laufen zum Innenhof, unter dessen Vordach jeder ein Fach für sich hat, in das er seine Schuhe und Pantoffeln stellt. Er nimmt die einen und die anderen und wienert sie eine Viertelstunde lang schweigend, bevor er endlich in den Schlafsaal zurückkehrt.

Bei Jesaia steht geschrieben: „Wie lieblich sind auf den Bergen die Füße des Freudenboten." Naja, was ist ein Missionar denn anderes als ein Bote der guten Nachricht? Da seine Füße ihrer Sendung nie würdig genug sind, muss er sie also schön sauber halten. Diese Erklärung für den merkwürdigen Brauch des Schuheputzens ist mir beim Schreiben dieser Zeilen gekommen. Ich gebe sie so an die kleinen Schüler von Blotzheim weiter. Wenn sie heute überhaupt noch ihre Schuhe zum Glänzen bringen – die Welt verändert sich ja so schnell.

Ich muss es zu meiner Schande gestehen, ich habe begonnen, meine Mitschüler von oben, von sehr hoch oben herab zu betrachten. Ein wenig so, wie einst ein Adliger seine Bauern musterte. Freilich war ich ein Elsässer wie sie, aber ich lebte zumeist im „Innern". Ich hatte keinen Akzent, zumindest keinen elsässischen Akzent, weil mir die Mundart der Franche-Comté an den Sprechwerkzeugen klebte, und glauben Sie mir, diese war deftig wie ein Gratin. Und schließlich hatte ich ja eine lange Karriere als Klassenbester hinter mir und galt als ausgezeichneter Schüler.

Neben Crétin ist es mein Bettnachbar Barnholzer, der mich zur Überheblichkeit oder gar zum Mitleid anregt. Er hat ein graues Gesicht, eine Nase, von der die Haut abblättert, viel zu große Ohren, eine weinerliche Stimme, eine mickrige Gestalt, mehr oder weniger geflickte Klamotten, kurz, er rührt mich zu Tränen, und der feinfühlige Psychologe in mir spürt sofort, dass der Unglücksrabe meine Hilfe nötig hat. Ich nehme mir vor, ihn zu unterstützen, ihm gegenüber geduldig und freundlich zu sein, ich will ihm Dinge vorsagen, ihm erklären, was er nicht versteht, ich will ihm bei den Hausaufgaben helfen, ihn sogar bei mir abschreiben lassen.

Einige Zeit später gibt der Pater Kieffer die Aufsätze in Französisch zurück. Beste Arbeit: der Schangele, der die gute Note mit der Abgeklärtheit eines an die Gipfel des Erfolges Gewöhnten entgegennimmt. Er ist fast genervt von den Komplimenten des Paters Kieffer. Schon gut, schon gut, wir wissen, dass er ein Adler ist. Barbarossa möge jetzt bitte ins Tal hinabsteigen und uns mitteilen, was die Spatzen vollbracht haben. Barbarossa fährt fort: „Erster unter Gleichen ..." Er hält den Atem an. Der Schangele auch. Soll das ein Scherz sein oder was? Wer wagt es, ihm gleichzukommen? Barbarossa sagt es: „Erster unter Gleichen: Barnholzer." Der Adler fällt aus allen Wolken. Nicht möglich! Doch nicht dieser Versager! Barbarossa sticht voll zu: Er hat dem Schangele 15 Punkte gegeben, weil seine Arbeit am besten geschrieben ist, und dem Barnholzer, weil sein Aufsatz der originellste ist. Doch das ist noch nicht alles: Jetzt lässt unser Adler nach und nach weitere Federn, da Barbarossa auch einem namens Wasser und einem namens Keppi jeweils 15 Punkte gegeben hat. Und es ist immer noch nicht vorbei: Der Schangele fliegt zwar noch ziemlich hoch bei der Übersetzung aus dem Lateinischen, kommt aber bei der Übersetzung ins Lateinische schon ziemlich ins Trudeln und stürzt in Mathematik schwindelerregend ab. Er wollte ja Barnholzer helfen, doch nun erklärt ihm Barnholzer mit dieser herablassenden Freundlichkeit, die sich eigentlich der Schangele zurechtgelegt hatte, die Schwierigkeiten des kleinsten gemeinsamen Vielfachen und des größten gemeinsamen Teilers. Um es kurz zu machen, der Schangele stellte zusammen mit allen anderen fest, dass er nur ein durchschnittlicher Schüler war.

Er wird sich in einem anderen Bereich auszeichnen. Es geschah in der Pause auf dem Schulhof. Dort spazierte der Schangele mit seinem Freund Pierre umher – es gibt die Liebe auf den ersten Blick auch im Bereich der Freundschaft, und diese hatte die beiden Jungen zueinander gebracht. Pierre, der größer war als der Schangele, hatte seine Hand brüderlich um seinen Hals gelegt, und hörte ihm zu, wie er von seiner Mutter erzählte. Da erklang plötzlich ganz in ihrer Nähe ein Lied: „Weine nicht, Jeannette, wir finden einen für dich ...". Das ist ein Lied aus der Zeit vor der Rockmusik, aber Sie kennen es bestimmt; wenn nicht, hier kurz eine Zusammenfassung: Jeannette weint, weil sie ihren Freund Pierre verloren hat; man sagt ihr, sie solle sich nichts daraus machen, man wird sie mit dem Sohn eines Prinzen oder eines Barons verheiraten. Doch sie will nicht, die Jeannette, sie will ihren Freund Pierre, den, der im Gefängnis sitzt. Die Sänger sind zwei süße kleine Engelchen oder zwei kleine Schlangen oder wahrscheinlich eine Mischung aus beidem (ich weiß nicht, was aus ihnen geworden ist, vielleicht Missionare, vielleicht Familienväter, vielleicht erzkonservative Priester, vielleicht Tote, vielleicht Heilige). Jedenfalls wurde der Pierre puterrot, als er begriff, dass die kleinen Schlangen uns mit ihrem Gesang meinten, uns, die sie mit Pierre und Jeannette verglichen. Ich selbst hatte es nicht gleich kapiert. Dass man meinen Freund Pierre mit dem des Liedes gleichsetzte, konnte ich noch hinnehmen, schließlich hieß er ja so, aber dass man aus dem Jean eine Jeannette machte, das konnte mein Ehrgefühl nicht akzeptieren, verdammt nochmal ...

Die Schlangen fuhren mit ihrem Konzert fort: „Du bekommst deinen Pierre nicht, wir werden ihn baumeln lassen!" Es ist unter Missionaren nicht üblich, die Fäuste sprechen zu lassen, also machten wir uns daran, eine erkleckliche Menge Kastanien aufzulesen und dirigierten sie in Richtung der Duettsänger, die sich aus dem Staub machten und dabei „Ich bin ein Christ" trällerten. Doch sie behielten „Pierre und Jeannette" in ihrem Repertoire, achteten aber darauf, einen Sicherheitsabstand zwischen unseren Füßen und ihren Hinterteilen einzuhalten, bevor sie wieder wagten, es zu singen.

Ich habe vorhin von Liebe auf den ersten Blick gesprochen. Das verlangt nach genauerer Darstellung. Um ehrlich zu sein, war es der Pierre, der mir die Freundschaft anbot. Er war nicht der Einzige. Denn mehr als ein kleiner Missionar kam damals auf mich zu. Man kann mit Fug und Recht behaupten, dass ich anziehend auf manche Klassenkameraden wirkte. Ich hatte zwar eine rabenschwarze Seele, Sie müssen es bemerkt haben, aber ich hatte ein eher engelhaftes Äußeres. Oh, ich war nicht gerade schön anzusehen! Schließlich hatte ich doch meinen Ekel überwunden und mich mit stärkehaltigen Speisen vollgefressen, sodass ich sogar ein wenig dicklich war. Aber mein durchsichtiger Teint und meine samtweiche Haut hoben sich von der dicken Haut der meisten Mitschüler ab, die die goldene

Sonne über den elsässischen Weinbergen und Weizenfeldern gebräunt hatte.

Ich hatte außerdem ein paar Löckchen, die – nennen wir es ruhig beim Namen, denn die meisten Kinder scheinen einmal eine Zeit des Zwittertums zu durchleben – eine ganz und gar vorübergehende Weiblichkeit bei mir betonten. Und die weibliche Sanftmut war das, was diesen kleinen Männern am meisten fehlte, die als Mama, kleine Schwestern und Freundinnen nichts als jene bärtigen Missionare hatten, die mehr nach Savanne dufteten als nach Damenzimmer.

Warum also hätte der Schangele – um nicht zu sagen die Jeannette – eine Freundschaft, eine Zuneigung, einen Beschützer und ein paar Leckereien ablehnen sollen, die man ihm so freimütig anbot?

Abgesehen davon hatten diese Beziehungen überhaupt nichts „Spezielles", es gab keinerlei fragwürdige Gesten, keine zweideutigen Worte. Die kleinen Missionare waren nicht nur keusch wie Karmeliter, auch ihre Ausdrucksweise blieb unglaublich anständig. Ich sage deshalb „unglaublich", weil der elsässische Dialekt teuflisch derb ist und an Rabelais erinnert und weil, ob es den Griesgramen und Sauertöpfen gefällt oder nicht, der um den Leib und um die Fortpflanzungsorgane kreisende Wortschatz unendlich mehr Raum einnimmt als der der Metaphysik oder des Geistes. Also hätte sich Barnholzer zumindest ein Schulterblatt oder ein Bein brechen müssen, um freiwillig Scheiße zu sagen; und was anzügliche Geschichten und die Fäkalsprache betrifft, so waren sie aus unseren Unterhaltungen verbannt. Wie auch jegliche Anspielung auf die Liebe.

Das schöne Geschlecht hatte nur in Form der Jungfrau Maria oder der heiligen Therese von Lisieux Zugang zum Blotzheimer Kolleg. Ich bin dennoch überzeugt, dass mehr als ein Missionar in spe ein Mädchen im Herzen trug. Hätte man das des Schangele geöffnet, man hätte je zwei im Herzvorhof und in den Herzkammern gefunden, ohne überhaupt die kleine Meyer zu erwähnen, die mietfrei in allen vier Kammern wohnen durfte, aber in Anbetracht ihrer Favoritinnenrolle freundlicherweise Platz für ungefährliche Rivalinnen machte, also für Yvette, die das leicht zerknautschte Gesicht der Myrna Loy hatte, für Muguette, die der Dita Parlo ähnlich sah, und für Jeanine, die zwar niemandes Doppelgängerin war, die aber die Augen einer Prinzessin aus dem Morgenland hatte. Ja, der Schangele hätte viel zu erzählen gehabt, vierzehn Stunden Gebet und Arbeit pro

Tag ließen jedoch keinen Raum für solche Geheimnisse, denn er war zu erschöpft, sowohl welche weiterzugeben als auch welchen zuzuhören.

Wenn dann sein Sträflingstag vorüber war, schlüpfte er unter die Bettdecke und ließ seinen Träumen und Obsessionen freien Lauf. Adieu Jeannette! Wenn Sie auch nur einen Augenblick geglaubt haben, in ihm die geringste Neigung zu bestimmten Freundschaften entdeckt zu haben, so ist endgültig die Zeit gekommen, Sie eines Besseren zu belehren. Seine Gedankenspiele liefen auf zwei Ebenen ab. Eine davon war eindeutig erotisch: Er ließ die heißesten Momente der Ferien wiederaufleben, von der Blitzpräsentation des Bonbons der Sansculottin bis zu den viel weiter gehenden Vorführungen des Cousins Pauli, eines bei den Mädchen des Florival einschlägig bekannten Chirurgen. Er brachte sie in die Scheunen, um sie am Blinddarm zu operieren, natürlich nicht die allerhübschesten, vielmehr die richtig hässlichen, die froh waren, dass sie wenigstens etwas hatten, was sie den Jungs zeigen konnten. Der Schangele hatte ihm ein paar Mal assistiert, er legte den Bauch der Patientin frei und sterilisierte den zu operierenden Bereich mit einem speichelgetränkten Taschentuch.

Klar, dass er das ausnutzte und auch zur Nachbarregion schielte. Wenn die Operation beendet war, kam es nicht selten vor, dass er die Patientin ganz hinten in die Scheune drängte, unter dem Vorwand, sie noch zu röntgen; da die Röntgenstrahlen aber gefährlich waren, wollte er die Behandlung alleine weiterführen ...

Wenig später hörte der Schangele Schreie, die ganz eindeutig nach Weigerung klangen – „Nein, nein, das will ich nicht!" – und der Pauli kam alleine zurück, rot vor Zorn: „Ach, so sind die Frauen", brummte er vor sich hin. „Sie lassen sich ohne Weiteres den Blinddarm entfernen und kreischen dann, wenn man sie röntgen will."

Der Schangele tat so, als würde er darauf hereinfallen, doch er wusste genau, warum der Pauli mit der Louise oder mit der Suzanne ins Dunkel der Scheune ging: Er wollte ihnen Kinder machen.

Dann, als ihm schwindlig genug war von diesen schlüpfrigen Erinnerungen, peilte der Schangele höhere Sphären an, und in der Tat stieg er mit Marguerite in das Flugzeug, das er sich mit den bei der Nationalen Lotterie gewonnenen Millionen hatte bauen lassen, ein Flugzeug, das er zu Ehren der kleinen Meyer auf den Namen „Vergissmeinnicht" getauft hatte, die, wie Sie ja wissen, entsprechende Augen hatte.

Zu Piloten hatte er seine Freunde Wasser und Keppi bestimmt. Barnholzer hatte er in den hinteren Teil der Maschine verfrachtet und mit der Arbeit des Stewards betraut, was eine von vielen Methoden war, dem Ersten unter Gleichen das Maul zu stopfen. So flogen die kleine Meyer und er, in zärtlicher Umarmung in ihrem Liebesnest liegend, allabendlich um unseren Planeten.

Dummerweise war sein Bettnachbar Crétin – der heißhungrige Bettnässer – auch noch mit Verwachsungen in der Nase geschlagen und schnarchte wie eine ganze Fliegerstaffel ... Dieser Lärm hätte zur Not die Hintergrundmusik zum Flug des „Vergissmeinnicht" geben können, wenn nicht die anderen Freunde im Schlafraum, die, durch einen lauten Schnarcher aufgeweckt, plötzlich aufrecht im Bett gestanden und ihre Kopfkissen auf Crétin gefeuert hätten, was den Zauber endgültig zerstörte.

Also kehrte der Schangele im Sturzflug auf den Boden der Tatsachen zurück und fand sich ohne Marguerite und ohne Flugzeug im Schlafraum von Blotzheim wieder. Wo es nur eine Perspektive für ihn gab, nämlich die Aussicht auf eine etwas bequemere Hütte als die anderen im Land des Mamadou Sikouloumé. Eine Hütte ohne Liebe, in die Marguerite niemals kommen würde, und wo es ihm seine Funktion als Missionar nicht einmal erlauben würde, mit den schwarzen Mädchen zu spielen; alles, was ihm bliebe, wäre, durch das Gitter des Beichtstuhls auf ihre nackten Brüste zu schielen.

Ein Drang, der alle Häftlinge befällt, keimt in ihm immer größer auf, nämlich der, der Falle, in welcher er gefangen ist, zu entrinnen. Er gähnt in der Kapelle. Warum zu einem Gott beten, dem er nicht mehr dienen möchte? Beim Lernen macht er keinen Finger mehr krumm. Warum soll er sich abmühen, wenn er von einem Streber wie Barnholzer ausgestochen wird? Im Unterricht widersetzt er sich offen Barbarossa, der seinen Ohren nicht traut und ihm mit Disziplinargewittern droht. Der Schangele wirft ihm sein Lateinbuch an den Kopf und ruft: „*Alea jacta est!*" Es fehlte nicht viel und es wäre zwischen Barbarossas Zähnen gelandet, denn er kriegt den Mund nicht zu vor Erstaunen. Bevor er ihn wieder schließen kann, schleudert ihm der Schangele noch den vollen Wasserkasten entgegen, der auf dem Heizkörper liegt.

Man kann diesen unschönen Anfall als die Tat eines Verrückten abtun. Man kann darin aber auch eine Majestätsbeleidigung sehen. Der Schangele merkt, dass Barbarossa sich nicht sicher ist, wo er ihn einordnen soll. Er weiß auch, dass man eher einem Spinner als einem Aufrührer verzeiht. Also setzt er noch einen drauf. Er läuft aus dem Klassensaal, rennt zur Kapelle, greift den Altar an, reißt das Tuch herunter, wirft die Kerzen um, sieht, wie mehrere Soutanen ihm auf den Fersen sind, entkommt ihnen mit einem Sprung aus dem Fenster, sieht wie andere Patres ihm den Weg versperren, kämpft gegen die Einkesselung, indem er am Bart des guten Pater Simon zieht, indem er dem guten Pater Goepfert auf die Zehen tritt, indem er den Kopf in den Bauch von Pater Vogel rammt (ich weiß nur zu gut, dass jetzt nicht der richtige Zeitpunkt ist, daran zu erinnern, aber bitte vergessen Sie nicht, ihn Fogl auszusprechen), indem er den Pater Ritter in den Finger beißt, lässt sich schließlich überwältigen, weil man seiner Rage nicht mit Beschimpfungen oder Schlägen beikommt, sondern ihn mit freundlichen Worten beruhigt, mit Kosewörtern, mit Streicheleinheiten und mit Umarmungen. Aha, so sind sie also, die guten Diener Gottes, und wie nett sie sein können, zum Teufel ...

Doch jetzt, wo sie ihn haben, lassen sie ihn nicht los, sie würden sogar so weit gehen, ihm zwischen ihren Bärten ein wenig die Luft abzudrücken. Sie lassen ihn ins Auto steigen und fahren ihn zum großen Mülhausener Spital, Abteilung für Geistesgestörte. Eingezwängt zwischen den Patres Goepfert und Bohn wird dem Schangele klar, in welche Lage er sich gebracht hat, und man kann nicht sagen, dass die dunklen Soutanen seiner Hüter sie rosiger aussehen lassen ... Ist es ein Trick? Ist es eine spontane Eingebung? Der Schangele beginnt, das „Magnificat" zu singen. Ich habe es Ihnen noch nicht erzählt, aber der kleine Mistkerl besitzt eine Engelsstimme, ganz sicher die schönste des Kollegs, denn er ist der Vorsänger des Chors. Der Kristallklang tut seine Wirkung. Die beiden Geistlichen, die ganz durcheinander sind von diesem Kind, das den Verstand verloren hat und nun das Hohelied der Jungfrau Maria singt, können ihre Gefühle nicht zurückhalten. Der Schangele sieht, wie Tränen über ihre Wangen kullern und in den Bärten versickern. Also legt er einen Zahn zu und singt auch noch „Ave, maris stella" und „Regina Coeli".

Eine Stunde später ist ihm das Singen vergangen. Er ist im Hasenrain-Spital auf einen Operationstisch geschnallt. Während Pater Goepfert, Pater Bohn und zwei Schwestern ihn an Händen und Füßen festhalten, nimmt der diensthabende Psychiater eine Lumbalpunktion vor. Jetzt kommt ihm kein Hohelied mehr über die Lippen. Unter der Nadelspitze, die ihn sticht, schreit er wie ein Verrückter ... wie ein Verrückter, der er aber nicht ist, denn die Untersuchung des Nervenwassers ergibt, dass er normal ist. Oder, um es anders zu sagen, dass er nicht für das Klosterleben taugt.

Man gab ihn seinen Eltern zurück. Papa, der selten eine Gelegenheit ausließ, die Klugheit, die Folgsamkeit, den Fleiß, die Offenheit und die zahllosen weiteren guten Eigenschaften seines Sohnes zu lobpreisen, wurde plötzlich unendlich zurückhaltend. Jedenfalls sagte er nie mehr zu mir, ich mache der Familie Ehre.

Und dann starb meine Großmutter, und mit ihr meine Kindheit. Ich kam nur noch ab und zu ins Elsass, um vom Onkel Fuchs ein paar Lektionen im Glücklichsein zu erhalten. Gegen Ende der Dreißigerjahre hörte er im Radio die „Ondine" von Giraudoux (französischer Schriftsteller und Anhänger der deutschen Kultur), der sich dazu durch die „Undine" von de la Motte-Fouqué (deutscher Schriftsteller französischer Herkunft) anregen ließ. Er hatte für mich diese Entgegnung der kleinen Meerjungfrau Ondine, die in den Ritter von Wittenstein zu Wittenstein verliebt war, aufgeschrieben: *Er heißt Hans ... Ich hätte es ahnen sollen ... Wenn man glücklich ist und den Mund öffnet, dann sagt man Hans!*" Dazu sagte er: „Dein Name möge in aller Munde sein, mein Junge!"

Doch wir schrieben das Jahr 1939, der Krieg sollte bald ausbrechen und der Traum vom Glücklichsein in Europa zu einem Ding der Unmöglichkeit werden.

19. Alles Gute zum Geburtstag – Der Hochbegabte – Die Idee, die man fix nennt, weil sie immer wiederkehrt – Die wiederbegonnene Kindheit

Vielleicht haben Sie ja in den Werbespots in der Glotze schon einmal gesehen, wie eine wunderschöne Blondine den Fluten entstieg, mit einem göttlichen Körper und einem Fisch am Dreizack. Ob es dem Dichter nun gefällt oder nicht, die Harmonie, mit der sie ihre Kurven wiegt, macht sie erregender als die klassischen Venusmodelle, und die des Tizian oder des Botticelli, so wunderbar ihre Blöße auch sein mag, können getrost gehen und sich wieder anziehen ... Es war eine Schönheit dieser Art, die an meinem vierzigsten Geburtstag bei mir zur Haustür hereinkam.

Aber bitte kein voreiliger Neid. Nicht ich hatte sie herbeigelockt. Das Wunderding war eine holländische Studentin, die zum Französischlernen nach Paris gekommen war. Mein Sohn, der sie bei Freunden kennengelernt hatte, verspürte einen unwiderstehlichen Drang, Nachhilfelehrer zu werden. Er vertiefte seine Lektionen mehr und mehr, und da er merkte, wie wissbegierig sie war, brachte er ihr auch andere Dinge bei.

Da sein Eifer fruchtete, kam der Nachhilfelehrer eines Abends mit hängendem Kopf zu mir und unterrichtete mich über die Sorgen, die ihm seine Schülerin bereitete. Ich wusste nur zu gut, worum es ging: Die Holländerin und der Franzose hielten eine niederländisch-französische Überraschung für uns bereit. Dummerweise wollte die holländische Familie, die nicht mit der Moral spielte, nichts von einem ohne göttlichen Segen gezeugten Kind wissen. Also beschloss die französische Familie, deren Sitten wesentlich lockerer waren, das Kind der Sünde bei sich aufzunehmen. Ich bat meinen Sohn, seine Schülerin und Geliebte zu uns nach Hause mitzubringen. So kam es, dass Fräulein Gertrude Bidlot de Rennet (Tutti für Eingeweihte) an meinem vierzigsten Geburtstag bei mir eintrat, mir in einem Anfall spontaner Dankbarkeit um den Hals fiel und „Danke, Papa!" rief.

Dass er von einer Venus Papa genannt wurde, deren Art und Äußeres eher dazu angetan waren, sie in den Allerwertesten zu zwicken, das war ein solch herber Schlag für den alten Hans, dass es mehrerer Anläufe bedurfte, bis er alle vierzig Kerzen seines Geburtstagskuchens ausgeblasen hatte. Ein paar Monate später folgte dann der zweite Schlag, als ich Großvater wurde ...

Ich brauche Ihnen nicht zu erklären, dass sich der Kreis der Familie hellauf begeistert zeigte und dass das Kind der Sünde zum Herrscher des Hauses avancierte. Ich war der Einzige, der ihm gram war. Zunächst einmal, weil ich von ihm und seiner Mutter aus meinem Zimmer vertrieben worden war, dann natürlich, weil es mich zehn Jahre zu früh zum Großvater gemacht hatte, und schließlich, weil es mich nervte, wie meine Lieben über sein Grinsen ins Schwärmen gerieten, sein Gebrabbel mitmachten, vom Inhalt seiner Windeln gerührt waren und überhaupt Anzeichen allergrößter Verblödung von sich gaben.

Doch peu à peu ließ ich mich von dem kleinen Eindringling um den Finger wickeln. Das Kerlchen hatte etwas von Pantagruel an sich, dem gefräßigen Riesen, das heißt, in ihm steckte etwas Elsässisches. Er war erst wenige Wochen alt, und wir schlürften gerade aus irgendeinem Anlass Champagner, da kam mein Bruder auf die Idee, seinen Finger ins Glas zu stecken und die Lippen des Säuglings damit zu benetzen. Da er Geschmack an dieser neuen Muttermilch zu finden schien, schnappte er nach dem Finger des alten Pierri und hielt ihn in seinem Mund gefangen. Der Pechvogel musste ihm die Nase zuhalten, um seinen Zeigefinger wiederzubekommen.

Mit neun Monaten konnte er gehen, die Zunge herausstrecken, eine lange Nase machen, und er schien kurz davor zu stehen, auch die Gebärde des Stinkefingers in sein Repertoire aufzunehmen. Und sobald er eine Frau am Horizont erblickte, lief er zu ihr hin und wickelte sich unter ihren Rock. Allerdings nur, wenn sie ihm gefiel.

Jean-François hatte man ihn genannt. Ich gab ihm den Namen Lumpi, was man mit Bettelsack oder Schurke übersetzen kann, und meinte natürlich das genaue Gegenteil. Mit zwei Jahren war er in den „Türkischen Marsch" aus Beethovens „Ruinen von Athen" vernarrt. Man konnte die Schallplatte verstecken, wo man wollte, er fand sie stets zwischen Dutzenden anderen Platten, streckte sie einem entgegen und kreischte: „Türkisch, türkisch", bis man sie schließlich auf den Plattenteller legte. Dann blieb er vor dem Gerät stehen, eine Hand auf der Brust und die andere hinter dem Rücken, was er sich wohl bei Napoleon I. abgeschaut hatte.

Dann ging das niederländisch-französische Paar auseinander (das rosarote Europa zu schaffen, das der Betten, ist ebenso schwierig wie das grüne Europa, das der Ställe und der Felder), und ich erbte sozusagen den kleinen Lumpi. Er versetzte Pädagogen wie Psychologen mit seinem großen Wissen und seinem hohen Intelligenzquotienten in Erstaunen. Wenn er im Kino oder im Fernsehen einen Krimi sah, erkannte er den Mörder schon nach den ersten Szenen, so schräg das Drehbuch auch sein mochte.

Ein Hochbegabter, wie man heute sagt. Um seinen zehnten Geburtstag herum machte er sich daran, einen neuen Kontinent zu erschaffen. Einen Kontinent, der aus sieben Ländern bestand, deren Geschichte, Geographie, Fauna und Flora, Literatur, Kunst, Presse und Armeen, für die er sogar Flugzeuge, Schiffe und Uniformen entwarf, er sich ausdachte.

Ich habe Hochbegabter gesagt, damit ich nicht Hochbekloppter sagen muss. Auch eine richtige Nachteule war er. Er schlief nur fünf bis sechs Stunden pro Nacht und widmete den Rest seinen Werken. Wie oft habe ich ihn, wenn ich um zwei Uhr morgens noch Licht unter seiner Tür sah, gebeten, seinen Kontinent ruhen zu lassen und sich schlafen zu legen. Er war damit immer einverstanden. Unter der Bedingung allerdings, dass ich mir die Geschichte des Generals von Talg bei der Schlacht von Ofenhausen anhörte. Oder eine andere historische, literarische oder wissenschaftliche Erfindung ... Wir hatten großen Spaß miteinander. Vor allem der Ältere von uns beiden.

Dann holte ihn seine Mutter zu sich, dazu hatte sie das Recht. Meine Frau und ich waren wieder allein, unseres Enkelkindes beraubt. Sein Vater, den Headhunter eingefangen hatten, wohnte im Silicon Valley, wo er an irgendeiner Metasprache arbeitete, in deren Geheimnisse er mich vergeblich einzuweihen versuchte. Ich kapierte überhaupt nichts. Monsieur Lumpi hingegen, der aufmerksam zuhörte, begann, sich wie Archimedes in der Badewanne zu regen, und rief freudig: „Ich hab's begriffen."

Es dürfte kaum verwundern, dass der Schöpfer der Kontinente seinerseits der Faszination Amerikas erlag. Als er achtzehn Jahre alt wurde, brach er seiner Mutter das Herz, so, wie er unseres gebrochen hatte, und zog zu seinem Vater nach Kalifornien ...

Ich besuchte ihn letztes Jahr in Paolo Alto. Er war einen Meter vierundachtzig groß und trug einen feinen Schnurrbart, den ich französisch nennen würde (der von Pierre Fresnay in „Die große Illusion"). Geistig befand er sich gerade mitten in einem Denkprozess. Er war von einer großen Idee besessen. Ein literarisches Werk? Ein politisches Projekt? Eine wissenschaftliche Entdeckung?

Er war noch nicht soweit, um darüber zu sprechen. Er fragte mich: „Kennst du Franz von Assisi?"

„Klar."

„Ist dir aufgefallen, dass er zum Heiligen wurde, indem er sich einzig und allein auf Gott konzentrierte?"

Er wartete nicht auf meine Antwort und fragte weiter: „Kennst du Rothschild?"

„Natürlich."

„Weißt du, dass er Milliardär wurde, indem er sich ausschließlich aufs Geld konzentrierte?"

Wieder ließ er mich nicht antworten und fragte: „Kennst du Lenin?"

„Ich habe von ihm gehört."

„Hast du gemerkt, dass er Russland ins Chaos stürzte und die Revolution triumphieren ließ, indem er sich auf ein einziges Ziel konzentrierte?"

„Wenn ich dich richtig verstehe, hast auch du eine Idee?"

Ich war die ganze Zeit über auf einem Gartenstuhl gesessen. Er drehte sich um mich im Kreis, hielt einmal inne, um ein Blatt von den Oleandersträuchern abzuzupfen, und setzte seine Revolution fort. Ich war wie im Wirbelsturm gefangen, der mich früher oder später mitreißen würde ...

Erst tags vor meinem Rückflug beruhigte sich der Hurrikan. Sie müssen wissen, dass ich unter sonderbaren Beschwerden leide, welche von der medizinischen Wissenschaft auf eine Funktionsstörung der Alpha-Motoneuronen zurückgeführt werden. Wenn mich diese kleinen Dinger im Stich lassen, habe ich das Gefühl, die Hochkönigsburg auf meinen Schultern zu tragen, weswegen ich mich hinlegen muss. An jenem Abend lag ich im Bett, mehr oder weniger vom Fieber niedergestreckt. Ich spürte, dass da jemand war, schlug ein Auge auf und erblickte den extravaganten Monsieur Lumpi, der an meinem Bett saß. Ich fragte ihn: „Was machst du denn da?"

„Ich schaue dir beim Schlafen zu."

„Warum?"

„Weil ich dich morgen nicht mehr sehen werde."

Da Gefühle zu zeigen nicht seine Stärke ist, war ich stark gerührt von der Zuneigung, die aus seinen Worten sprach. Meinen Erben gebe ich häufig zu verstehen, dass ich mir keinerlei Illusionen darüber mache, was mich am Ende des Weges erwartet. Ich werde wie Balzacs Vater Goriot, aufgegeben von seinen Töchtern, oder wie Victor Hugos Jean Valjean, verlassen von Cosette und Marius, sterben. Selbstverständlich beliebe ich zu scherzen, aber bei mir ist es wie bei jenen unverbesserlichen Spöttern, welche Heinrich Heine und der Onkel Fuchs waren, ich bin nie ernsthafter, als wenn ich Scherze mache. Also fuhr ich fort mit meinem *Tu quoque*: „Lumpi, auch du wirst mich verlassen."

Der Schöpfer eines Kontinents legte mir die Hand auf die Schulter und sprach: „Niemals! Ich helfe dir, ich passe auf dich auf ..."

Die Hochkönigsburg wurde leichter als eine Wolke, und ich hatte mit einem Mal ein halbes Jahrhundert weniger auf den Schultern.

Ich betrachtete den Pfundskerl, der mir Hilfe und Schutz versprach, und merkte, wie wir die Rollen tauschten. Er übernahm die Rolle des Großvaters. Von mir bekam er das Vertrauen des Enkelkindes. Kurz, ich wurde wieder Kind. Mit einer Kindheit, die voller Schönheit und Freude war und am Gegenpol zu den Gebrechen des Alters stand. Deren Geist man innehaben muss, um in das Himmelreich einzugehen.

Ich will nämlich ganz fest daran glauben, an dieses Reich. Schon, um dort meinen Vater, meine Mutter, meine Großmutter, meine anderen Verstorbenen wiederzusehen ... Und erst recht den Onkel Fuchs – an einem Karfreitag gestorben, am Ostertag begraben, das hat er gut hinbekommen –, der gewiss in den himmlischen Gefilden das Gegenstück zu den kleinen Tälern hier unten gefunden hat. Ich stelle mir vor, wie er inmitten der Engel sitzt, die von ihm wissen wollen, was das Glück auf Erden war. Selbstverständlich hat er sich gebessert und beschimpft seine Zuhörer nicht mehr. Er lächelt erhaben, und während die Seligen die Ohren spitzen, offensichtlich ebenso fasziniert wie seine Kumpane von einst, setzt der Onkel Fuchs zu erzählen an, mit einer Stimme, die unverhohlen wehmütig klingt: „Es war einmal im Florival."

Wer war Jean Egen?

„Ich bin ein Elsässer vom Montmartre-Hügel". Mit dieser paradoxen Aussage beschreibt Jean Egen im Jahre 1987 die Doppelbödigkeit seiner Existenz. Oberflächlich lässt sich das leicht auflösen: Sein Geburtsort lag im Elsass, und er wohnte seinerzeit schon vierzig Jahre in Paris. Dennoch drängen sich ein paar Fragen auf: Warum war er nicht im Elsass geblieben? Wie war er nach Paris gekommen? Und wie konnte man sowohl Elsässer als auch Pariser sein?

Die erste Frage ist überraschend leicht zu beantworten: Egen hat nie im Elsass gelebt. Zwar ist er dort geboren, doch aufgewachsen ist er in Audincourt in der benachbarten Franche-Comté. Dass er im Elsass das Licht der Welt erblickte, ist wohl den Depressionen geschuldet, unter denen seine Mutter aufgrund des nagenden Heimwehs litt. Sie wollte ihr erstes Kind lieber in ihrer Heimat, der vertrauten Welt rund um das „Café-Restaurant du Centre" in Lautenbach, zur Welt bringen als in der Fremde. Dort nämlich, „in Frankreich", wie die Elsässer zu sagen pflegten, hatte es ihr aus Gebweiler stammender Ehemann als Fabrikdirektor zu Wohlstand gebracht und dort konnte sie eigentlich sorgenfrei leben.

Audincourt, eine damals blühende Industriestadt, in der auch die Peugeot-Werke ihre Ursprünge haben, ist im Grunde die Heimat von Jean Egen, dort verbrachte er seine Kindheit und Jugend, dort ging er zur Schule, dort war er Messdiener, dort lernte er später auch die Frau seines Lebens kennen. Im Elsass, also in Lautenbach, im Tal der Lauch, auch Florival oder Blumental genannt, auf einer Linie zwischen Colmar und dem Grand Ballon gelegen, war der junge Jean jedoch häufig. Meistens geschah dies, wenn es seiner Mutter nicht gut ging, es ihr an „Elsässer Luft" fehlte, wie ein Arzt diagnostizierte. Das mochte während der Ferien ebenso wie während der Schulzeit sein, zu familiären Anlässen oder spontan. Zweifelsohne aber fanden diese Besuche in dem statt, was man damals noch nicht Freizeit nannte.

Somit beruhen also Jean Egens Erinnerungen in erster Linie auf Ferienerlebnissen. Dass sie dennoch keine Postkartenidyllen sind, hat andere Gründe. Gewiss, die malerischen Seiten der Region fehlen nicht, der Wein, das Essen, die Architektur, die Kunst und die Landschaft. Doch sie bilden nur den Dekor, vor dem sich das kleine elsässische Drama abspielt.

Denn das von Egen geschilderte Elsass ist ein inneres Elsass, das unabhängig von Ort und Zeit wirkt. Er hat es als Kind in sich aufgesogen, durch die deutschen Kinderlieder seiner Mutter, den Patriotismus seines Vaters, die elsässische Küche seiner Großmutter, die deutsche Seele seines Onkels. Durch die Widrigkeiten der Geschichte wurde dieses Elsass in ihm verschüttet und bedurfte somit der Freilegung.

Jean Egen, der eigentlich Jean Egensperger hieß, wurde am 23. August 1920 in Lautenbach als Sohn eines Fabrikdirektors und einer Gastwirtstochter geboren, wuchs in Audincourt am Fuße des Jura auf, wo die Jenny-Werke Feilen, Sägen und Ketten herstellten. Seine Eltern hatten ein Jahr zuvor geheiratet und sich in einer Geschäftswohnung niedergelassen. Vater Joseph hatte im Internat in Reims richtig Französisch gelernt und saß danach wegen Beamtenbeleidigung zwei Jahre in einem deutschen Gefängnis, bevor er nach Audincourt fliehen konnte. Zu seiner Sicherheit versetzte man ihn während des Ersten Weltkrieges nach Tonkin (heute in Nordvietnam) zu einem Zuavenkorps. Im Gegensatz zu ihm hatte Jeans Mutter Babette niemals Französisch gelernt, da das Elsass, in dem sie aufgewachsen war, bis 1918 zum Deutschen Reich gehörte.

Jean geht in Audincourt zusammen mit seinem drei Jahre jüngeren Bruder Pierre zur Schule, zwischenzeitlich ist er Schüler der Missionsschule in Blotzheim. In diese Zeit fallen die in seinen Büchern geschilderten Erlebnisse. Die Großmutter stirbt 1931, der legendäre Onkel Fuchs 1941. Jean Egen beginnt ein Germanistikstudium, als der Krieg ausbricht und er als Schreiber in einem Büro der französischen Luftwaffe in Vichy und in Salon-de-Provence tätig wird. Nach dem Zusammenbruch Frankreichs desertiert er – wie viele andere auch – und kehrt nach Hause zurück.

1941 verliebt er sich in die vier Jahre ältere Paulette Tavernier, die mit ihrem kleinen Sohn Claude in seiner Nachbarschaft untergebracht worden ist; ihr Mann ist im Krieg. Jean und Paule werden ein Paar. Die damals 25-jährige verhilft dem jungen Mann mit der Künstlermähne und dem verträumten Blick eines Dichters, wie sie ihn beschreibt, zu einer Stellung als Reporter bei einer regionalen Zeitung, dem „Petit Comtois". Als Lokalredakteur in Montbéliard sammelt er erstmals journalistische Erfahrungen. Es ist eine Zeit der Entbehrungen. Paule bringt im Januar 1944 die gemeinsame Tochter Evelyne im bretonischen Rennes zur Welt, da dort die Versorgungslage besser ist. Im September flieht sie mit dem Kind in ein

Schweizer Flüchtlingslager. Als der Krieg vorbei ist, zieht es Jean nach Paris, wohin er mit Paule, Claude und Evelyne im April 1945 hoffnungsfroh geht. Zunächst kommt er bei einem Cousin unter, findet dann eine erste Anstellung als Sekretär in einer Pariser Schuhfabrik. Nach Paules Scheidung heiratet das Paar 1951.

Wieder ist es Paule, die Jean Egen den Weg zur Literatur ebnet. Durch ihre Bekanntschaft mit der Romanautorin Florence Littré erhält er Zugang zu den Pariser literarischen Zirkeln, und deren Lebensgefährte Henri Poulaille, ebenfalls Schriftsteller, verschafft dem jungen Elsässer 1953 die literarische Leitung des Magazins „Lectures pour tous" aus dem Verlagshaus Hachette. Damit einher gehen eine Dienstwohnung in Montmartre und ein gutes Gehalt. Er folgt dem Rat eines Kollegen, sich anstatt seines allzu deutsch-elsässisch klingenden, sperrigen Nachnamens ein für die Pariser Welt zumutbares Pseudonym zuzulegen. So wird Jean Egensperger zu Jean Egen. Fortan schreibt er originelle und gut recherchierte Portraits für das Magazin und kommt mit der Pariser Künstlerwelt in Berührung: Namen wie Jean Cocteau, Jean Giono, Jean Marais, André Maurois oder Georges Duhamel füllen sein Adressbuch. Sein beißender Humor macht die satirische Wochenzeitung „Le Canard enchaîné" auf ihn aufmerksam, die sein Talent ab 1967 für Reportagen, etwa über den Prager Frühling, nutzt.

Zwei Jahre später hält er bei „Le Monde" Einzug und wird Spezialist für satirisch zugespitzte Miniaturen, die als „Billets" die Titelseite der Tageszeitung zieren. Die Arbeit für das renommierte Blatt führt ihn unter anderem nach Brasilien, Kanada, in die USA und in viele europäische Länder, auch nach Deutschland.

Gleichzeitig keimt der Wunsch auf, als freier Schriftsteller zu arbeiten. Schon 1968 hat er sich in Buchform gegen den Wehrdienst ausgesprochen, das nächste Werk wendet sich gegen die Todesstrafe, dann erscheinen Arbeiten zur Geschichte der satirischen Magazine „Charlie Hebdo" und „Le Canard enchaîné".

Den Abschluss dieser Publikationen bildet sein Buch über das geteilte Deutschland und die DDR mit dem Titel „Un mur entre deux mondes"[27]. Dann folgen die Romane aus dem Elsass.

---

[27] „Eine Mauer zwischen zwei Welten".

Das erste ausschlaggebende Moment für deren Entstehung war ein Auftrag von „Le Monde diplomatique" im Jahr 1969. Damals schickte die mit „Le Monde" verschwisterte Monatszeitung Jean Egen ins Elsass, mit dem Auftrag, eine große Reportage über die Provinz und ihre Eigenart zu schreiben. Diese Reise war für ihn wie eine Erleuchtung: „Schon beim ersten Halt des Zuges in Saverne bin ich in Verzückung verfallen. Es war für mich ein wahrer Damaskusweg. Ich entdeckte meine Heimat mit einer unglaublichen Ergriffenheit wieder. Wie hatte ich sie vergessen können? Nirgendwo sonst gab es so viel Wunderbares auf so kleiner Fläche." Die Begeisterung hält an, und der dabei entstandene Artikel „Das Elsass auf der Suche nach einer Identität" ebenso wie der anderthalb Jahre später geschriebene Beitrag zur Literatur im Elsass[28] finden große Beachtung.

1975 stirbt seine Mutter Babette. Seit dem Tod des Vaters 1955 hat sie bei Jean und Paule Egen in der Pariser Wohnung gelebt. In den „Linden von Lautenbach" ist ihr und ihrem Tod ein ganzes Kapitel gewidmet, das den krassen Gegensatz zu den Umständen beim Tod der Großmutter 1931 im Elsass schildert. Was ihr Ableben für ihn bedeutet, spricht aus seinen Worten: „Man lässt den Sarg herunter. Mit ihm versinken meine Kindheit, meine Jugend, die schönsten und unschuldigsten Erinnerungen." Mit einem Mal wird er gewärtig, was er mit ihr verloren hat, und er beschließt, „zum Gedächtnis seiner Mutter und zur Ehre des Elsass" über all dies ein Buch zu schreiben, wie seine Frau berichtet.

Gleich nach der Veröffentlichung werden „Les tilleuls de Lautenbach" 1979 im Elsass ein großer Erfolg. Innerhalb weniger Monate gehen mehrere Zehntausend Exemplare über den Ladentisch. Jean Egen steht dort im Mittelpunkt des öffentlichen Interesses, doch jenseits der Vogesen ist die Reaktion eher verhalten. Dagegen wird das Buch in Deutschland nach dem Erscheinen der Übersetzung im Jahr 1983 („Die Linden von Lautenbach", Morstadt Verlag, Kehl) allerorten positiv aufgenommen; die 1986 erschienene Taschenbuchausgabe wurde bis heute dreiundzwanzigmal aufgelegt.

Ende 1983 sorgt die in deutsch-französischer Zusammenarbeit entstandene Verfilmung des Buches mit Mario Adorf und dem elsässischen Kabarettisten Germain Muller im Elsass für Furore. Vielen missfällt, wie

---

[28] „L'Alsace en quête d'une identité", Le Monde Diplomatique, November 1969; „Les richesses méconnues des lettres alsaciennes", Le Monde, 5. März 1971.

die Elsässer in puncto Sexualität, Genusssucht und Religion dargestellt werden. Jean Egen verteidigt den Film, bei dessen Drehbuch er mitwirkte, und betrachtet ihn als gelungene Adaption. Dessen ungeachtet wird er für sein Werk mehrfach ausgezeichnet, etwa mit dem Baseler „Oberrheinischen Kulturpreis".

Durch den Erfolg und das große Interesse beflügelt, beginnt Jean Egen mit der Arbeit an einer auf vier Bände angelegten elsässischen Familiensaga, „Le partage du sang"[29]. Darin will er in Romanform die wechselhafte Geschichte seiner Heimat und die Lebensfreude ihrer Bewohner über drei Kriege hinweg vermitteln. Doch Jean Egen leidet seit Anfang der Achtzigerjahre an der Parkinson'schen Krankheit, sodass er bis 1985 nur drei Bände fertigstellen kann.

Der Frage, ob die Kindheit ein verlorenes Paradies sei, gehen mehrere Autoren in einer zur selben Zeit herausgegebenen Buchreihe nach; Jean Egen trägt dazu das vorliegende Buch – Originaltitel: „Le Hans du Florival" – bei. In diesem Werk gibt er seiner eigentlichen Kindheit in Audincourt größeren Raum und variiert und vertieft Themen aus den „Linden von Lautenbach".

Neben einem Kinderbuch über den Lothringer Nationalheiligen Nikolaus[30] und einigen kleineren Beiträgen erscheint 1988 eine Anthologie mit Texten aus allen Schaffensphasen Jean Egens, dessen Herausgeberin und stete Förderin seine Frau Paule Egen ist[31].

Am 21. Dezember 1995 stirbt Jean Egen in Paris an den Folgen seiner Krankheit. Er wird in seinem Geburtsort Lautenbach beigesetzt.

Posthum erscheint 1998 die Geschichte des Franz von Assisi in Romanform, „François, le mendiant magnifique"[32]. Lautenbach ehrt ihn mit regelmäßig stattfindenden „Journées Jean Egen", und auch die örtliche Schule ist nach ihm benannt. Auf dem Dorffriedhof sind die Gräber fast aller Protagonisten seiner Kindheitserinnerungen noch vorhanden, daneben sein eigenes und das seiner Frau, die 2018 im Alter von 101 Jahren verstarb.

---

[29] Zu Deutsch: „Vom selben Blut".
[30] Saint Nicolas raconté par un ami de son âne (Der heilige Nikolaus, von einem Freund seines Esels erzählt).
[31] Mon beau navire ô ma mémoire (Mein schönes Schiff, oh meine Erinnerung).
[32] „Franz, der wunderbare Bettler".

Jean Egen hat mit seinem Leben zwei Arten, in Paris Elsässer zu sein, also zwei Identitäten mit sich herumzutragen, aufgezeigt. Die erste bestand darin, seine elsässische Herkunft und Kultur abzulegen und zu verbergen. Bei der zweiten, die er letztlich als Befreiung und Bereicherung empfand, nahm er diese als Teil seiner selbst an, ließ er seine Erinnerungen wiederaufleben und schuf schreibend ein eigenes Universum. Fortan war für den „geborenen Erzähler"[33], wie es in einer elsässischen Literaturgeschichte heißt, das „Elsass als Traumland" stets gegenwärtig. Dieses wiedergefundene Paradies lebt in seinen Werken fort.

Jochen Glatt

---

[33] Eros Vicari, L'histoire de la littérature en Alsace, Strasbourg 1985.

.